THÉATRE
DE
JEAN RACINE,

PRÉCÉDÉ DE LA VIE DE L'AUTEUR.

TOME SECOND.

AVIGNON,

BONNET FILS, IMPRIMEUR-LIBRAIRE.
1823.

BRITANNICUS,
TRAGÉDIE.
1669.

PERSONNAGES.

NÉRON, empereur, fils d'Agrippine.

BRITANNICUS, fils de Messaline et de l'empereur Claudius,

AGRIPPINE, veuve de Domitius Énobarbus père de Néron, et en secondes noces veuve de l'empereur Claudius.

JUNIE, amante de Britannicus.

BURRHUS, gouverneur de Néron.

NARCISSE, gouverneur de Britannicus.

ALBINE, confidente d'Agrippine.

GARDES.

La scène est à Rome, dans une chambre du palais de Néron.

BRITANNICUS,
TRAGÉDIE.

ACTE PREMIER.

SCENE PREMIERE.
AGRIPPINE, ALBINE.

ALBINE.
Quoi ! tandis que Néron s'abandonne au sommeil,
Faut-il que vous veniez attendre son réveil ?
Qu'errant dans le palais, sans suite et sans escorte,
La mère de César veille seule à sa porte ?
Madame, retournez dans votre appartement.

AGRIPPINE.
Albine, il ne faut pas s'éloigner un moment.
Je veux l'attendre ici : les chagrins qu'il me cause
M'occuperont assez tout le temps qu'il repose.
Tout ce que j'ai prédit n'est que trop assuré ;
Contre Britannicus Néron s'est déclaré.
L'impatient Néron cesse de se contraindre ;
Las de se faire aimer, il veut se faire craindre.
Britannicus le gêne, Albine ; et chaque jour
Je sens que je deviens importune à mon tour.

ALBINE.
Quoi ! vous à qui Néron doit le jour qu'il respire ;
Qui l'avez appelé de si loin à l'empire ?
Vous qui, déshéritant le fils de Claudius,
Avez nommé César l'heureux Domitius !
Tout lui parle, madame, en faveur d'Agrippine :
Il vous doit son amour.

AGRIPPINE.
Il me le doit, Albine ;

Tout s'il est généreux, lui prescrit cette loi ;
Mais tout, s'il est ingrat, lui parle contre moi.

ALBINE.

S'il est ingrat, madame ? Ah ! toute sa conduite
Marque dans son devoir une ame trop instruite.
Depuis trois ans entiers, qu'a-t-il dit, qu'a-t-il fait
Qui ne promette à Rome un empereur parfait !
Rome, depuis trois ans par ses soins gouvernée,
Au temps de ses consuls croit être retournée ;
Il la gouverne en père. Enfin, Néron naissant
A toutes les vertus d'Auguste vieillissant.

AGRIPPINE.

Non, non, mon intérêt ne me rend point injuste.
Il commence, il est vrai, par où finit Auguste ;
Mais crains que, l'avenir détruisant le passé,
Il ne finisse ainsi qu'Auguste a commencé.
Il se déguise en vain : je lis sur son visage
Des fiers Domitius l'humeur triste et sauvage :
Il mêle avec l'orgueil qu'il a pris dans leur sang
La fierté des Nérons qu'il puisa dans mon flanc.
Toujours la tyrannie a d'heureuses prémices ;
De Rome pour un temps, Caïus fut les délices ;
Mais sa feinte bonté se tournant en fureur,
Les délices de Rome en devinrent l'horreur.
Que m'importe, après tout, que Néron plus fidèle
D'une longue vertu laisse un jour le modèle ?
Ai-je mis dans sa main le timon de l'état
Pour le conduire au gré du peuple et du sénat ?
Ah ! que de la patrie il soit, s'il veut, le père !
Mais qu'il songe un peu plus qu'Agrippine est sa mère.
De quel nom cependant pouvons-nous appeler
L'attentat que le jour vient de nous révéler ?
Il sait, car leur amour ne peut être ignorée,
Que de Britannicus Junie est adorée ;
Est ce même Néron, que la vertu conduit,
Fait enlever Junie au milieu de la nuit !
Que veut-il ? Est-ce haine ? est-ce amour qui l'inspire ?
Cherche-t-il seulement le plaisir de leur nuire ?
Ou plutôt n'est-ce point que sa malignité

Punit sur eux l'appui que je leur ai prêté ?
ALBINE.
Vous, leur appui, madame ?
AGRIPPINE.
Arrête, chère Albine.
Je sais que j'ai moi seule avancé leur ruine ;
Que du trône, où le sang l'a dû faire monter,
Britannicus par moi s'est vu précipiter.
Par moi seule éloigné de l'hymen d'Octavie,
Le frère de Junie abandonna la vie,
Silanus, sur qui Claude avait jeté les yeux,
Et qui comptait Auguste au rang de ses aïeux.
Néron jouit de tout : et moi, pour récompense,
Il faut qu'entre eux et lui je tienne la balance,
Afin que quelque jour par une même loi
Britannicus la tienne entre mon fils et moi.
ALBINE.
Quel dessein ?
AGRIPPINE.
Je m'assure un port dans la tempête,
Néron m'échappera si ce frein ne l'arrête.
ALBINE.
Mais prendre contre un fils tant de soins superflus !
AGRIPPINE.
Je le craindrais bientôt s'il ne me craignait plus.
ALBINE.
Une injuste frayeur vous alarme peut-être.
Mais si Néron pour vous n'est plus ce qu'il doit être ;
Du moins son changement ne vient pas jusqu'à nous,
Et ce sont des secrets entre César et vous.
Quelques titres nouveaux que Rome lui défère,
Néron n'en reçoit point qu'il ne donne à sa mère.
Sa prodigue amitié ne se réserve rien :
Votre nom est dans Rome aussi saint que le sien ;
A peine parle-t-on de la triste Octavie.
Auguste votre aïeul honora moins Livie :
Néron devant sa mère a permis le premier
Qu'on portât des faisceaux couronnés de laurier.
Quels effets voulez-vous de sa reconnaissance ?

AGRIPPINE.

Un peu moins de respect, et plus de confiance.
Tous ces présens, Albine, irritent mon dépit:
Je vois mes honneurs croître, et tomber mon crédit.
Non, non, le temps n'est plus que Néron jeune encore
Me renvoyait les vœux d'une cour qui l'adore;
Lorsqu'il se reposait sur moi de tout l'état;
Que mon ordre au palais assemblait le sénat;
Et que derrière un voile, invisible et présente,
J'étais de ce grand corps l'ame toute-puissante.
Des volontés de Rome alors mal assuré,
Néron de sa grandeur n'était point enivré.
Ce jour, ce triste jour frappe encor ma mémoire,
Où Néron fut lui-même ébloui de sa gloire,
Quand les ambassadeurs de tant de rois divers
Vinrent le reconnaître au nom de l'univers.
Sur son trône avec lui j'allais prendre ma place:
J'ignore quel conseil prépara ma disgrace;
Quoi qu'il en soit, Néron, d'aussi loin qu'il me vit,
Laissa sur son visage éclater son dépit.
Mon cœur même en conçut un malheureux augure.
L'ingrat, d'un faux respect colorant son injure,
Se leva par avance, et courant m'embrasser,
Il m'écarta du trône où je m'allais placer.
Depuis ce coup fatal le pouvoir d'Agrippine
Vers sa chute à grands pas chaque jour s'achemine.
L'ombre seule m'en reste, et l'on n'implore plus
Que le nom de Sénèque et l'appui de Burrhus.

ALBINE.

Ah! si de ce soupçon votre ame est prévenue,
Pourquoi nourrissez-vous le venin qui vous tue?
Daignez avec César vous éclaircir du moins.

AGRIPPINE.

César ne me voit plus, Albine, sans témoins:
En public, à mon heure, on me donne audience.
Sa réponse est dictée, et même son silence.
Je vois deux surveillans, ses maîtres et les miens,
Présider l'un ou l'autre à tous nos entretiens.
Mais je le poursuivrai d'autant plus qu'il m'évite:

De son désordre, Albine, il faut que je profite.
J'entends du bruit ; on ouvre. Allons subitement
Lui demander raison de cet enlèvement :
Surprenons, s'il se peut, les secrets de son ame.
Mais quoi! déjà Burrhus sort de chez lui!

SCENE II.

AGRIPPINE, BURRHUS, ALBINE.

BURRHUS.

Madame,
Au nom de l'empereur j'allais vous informer
D'un ordre qui d'abord a pu vous alarmer,
Mais qui n'est que l'effet d'une sage conduite,
Dont César a voulu que vous soyez instruite.

AGRIPPINE.

Puisqu'il le veut, entrons ; il m'en instruira mieux.

BURRHUS.

César pour quelque temps s'est soustrait à nos yeux.
Déjà par une porte au public moins connue
L'un et l'autre consul vous avaient prévenue,
Madame. Mais souffrez que je retourne exprès...

AGRIPPINE.

Non, je ne trouble point ses augustes secrets.
Cependant voulez-vous qu'avec moins de contrainte
L'un et l'autre une fois nous nous parlions sans feinte?

BURRHUS.

Burrhus pour le mensonge eut toujours trop d'horreur.

AGRIPPINE.

Prétendez-vous long-temps me cacher l'empereur ?
Ne le verrai-je plus qu'à titre d'importune?
Ai-je donc élevé si haut votre fortune
Pour mettre une barrière entre mon fils et moi ?
Ne l'osez-vous laisser un moment sur sa foi?
Entre Sénèque et vous disputez-vous la gloire
A qui m'effacera plus tôt de sa mémoire?
Vous l'ai-je confié pour en faire un ingrat,

Pour être, sous son nom, les maîtres de l'état ?
Certes, plus je médite, et moins je me figure
Que vous m'osiez compter pour votre créature ;
Vous, dont j'ai pu laisser vieillir l'ambition
Dans les honneurs obscurs de quelque légion ;
Et moi, qui sur le trône ai suivi mes ancêtres,
Moi, fille, femme, sœur et mère de vos maîtres :
Que prétendez-vous donc ? Pensez-vous que ma voix
Ait fait un empereur pour m'en imposer trois ?
Néron n'est plus enfant : n'est-il pas temps qu'il règne ?
Jusqu'à quand voulez-vous que l'empereur vous craigne ?
Ne saurait-il rien voir qu'il n'emprunte vos yeux ?
Pour se conduire enfin n'a-t-il pas ses aïeux ?
Qu'il choisisse s'il veut, d'Auguste ou de Tibère ;
Qu'il imite, s'il peut, Germinacus mon père.
Parmi tant de héros je n'ose me placer ;
Mais il est des vertus que je lui puis tracer :
Je puis l'instruire au moins combien sa confidence
Entre un sujet et lui doit laisser de distance.

BURRHUS.

Je ne m'étais chargé dans cette occasion
Que d'excuser César d'une seule action :
Mais puisque, sans vouloir que je le justifie,
Vous me rendez garant du reste de sa vie,
Je répondrai, madame, avec la liberté
D'un soldat qui sait mal farder la vérité.
   Vous m'avez de César confié la jeunesse ;
Je l'avoue, et je dois m'en souvenir sans cesse.
Mais vous avais-je fait serment de le trahir,
D'en faire un empereur qui ne sût qu'obéir ?
Non. Ce n'est plus à vous qu'il faut que j'en réponde ;
Ce n'est plus votre fils, c'est le maître du monde.
J'en dois compte, madame, à l'empire romain,
Qui croit voir son salut ou sa perte en ma main.
Ah ! si dans l'ignorence il le fallait instruire,
N'avait-on que Sénèque et moi pour le séduire ?
Pourquoi de sa conduite éloigner les flatteurs ?
Fallait-il dans l'exil chercher des corrupteurs ?

La cour de Claudius, en esclaves fertile,
Pour deux que l'on cherchait en eût présenté mille,
Qui tous auraient brigué l'honneur de l'avilir :
Dans une longue enfance ils l'auraient fait vieillir.
De quoi vous plaignez-vous, madame ? On vous révère :
Ainsi que par César, on jure par sa mère.
L'empereur, il est vrai, ne vient plus chaque jour
Mettre à vos pieds l'empire, et grossir votre cour :
Mais le doit-il, madame ? et sa reconnaissance,
Ne peut-elle éclater que dans sa dépendance ?
Toujours humble, toujours le timide Néron
N'ose-t-il être Auguste et César que de nom ?
Vous le dirai-je enfin ? Rome le justifie.
Rome, à trois affranchis si long-temps asservie,
A peine respirant du joug qu'elle a porté,
Du règne de Néron compte sa liberté.
Que dis-je ? la vertu semble même renaître.
Tout l'empire n'est plus la dépouille d'un maître :
Le peuple au champ de Mars nomme ses magistrats :
César nomme les chefs sur la foi des soldats :
Thraséas au sénat, Corbulon dans l'armée,
Sont encore innocens, malgré leur renommée :
Les déserts, autrefois peuplés de sénateurs,
Ne sont plus habités que par leurs délateurs.
Qu'importe que César continue à nous croire,
Pourvu que nos conseils ne tendent qu'à sa gloire ;
Pourvu que dans le cours d'un règne florissant
Rome soit toujours libre, et César tout-puissant ?
Mais, madame, Néron suffit pour se conduire.
J'obéis, sans prétendre à l'honneur de l'instruire.
Sur ses aïeux, sans doute, il n'a qu'à se régler ;
Pour bien faire, Néron n'a qu'à se ressembler.
Heureux si ses vertus l'une à l'autre enchaînées
Ramènent tous les ans ses premières années !

AGIPPINE.

Ainsi, sur l'avenir n'osant vous assurer,
Vous croyez que sans vous Néron va s'égarer.
Mais vous, qui jusqu'ici content de votre ouvrage

Venez de ses vertus nous rendre témoignage.
Expliquez-nous pourquoi, devenu ravisseur,
Néron de Silanus fait enlever la sœur ?
Ne tient-il qu'à marquer de cette ignominie
Le sang de mes aïeux qui brille dans Junie ?
De quoi l'accuse-t-il ? et par quel attentat
Devient-elle en un jour criminelle d'état ;
Elle qui, sans orgueil jusqu'alors élevée,
N'aurait point vu Néron, s'il ne l'eût enlevée,
Et qui même aurait mis au rang de ses bienfaits
L'heureuse liberté de ne le voir jamais ?

BURRHUS.

Je sais que d'aucun crime elle n'est soupçonnée.
Mais jusqu'ici César ne l'a point condamnée,
Madame : aucun objet ne blesse ici ses yeux ;
Elle est dans un palais tout plein de ses aïeux.
Vous savez que les droits qu'elle porte avec elle
Peuvent de son époux faire un prince rebelle ;
Que le sang de César ne se doit allier
Qu'à ceux à qui César le veut bien confier :
Et vous-même avoûrez qu'il ne serait pas juste
Qu'on disposât sans lui de la nièce d'Auguste.

AGRIPPINE.

Je vous entends : Néron m'apprend par votre voix
Qu'en vain Britannicus s'assure sur mon choix.
En vain pour détourner ses yeux de sa misère,
J'ai flatté son amour d'un hymen qu'il espère :
A ma confusion, Néron veut faire voir
Qu'Agrippine promet par-delà son pouvoir.
Rome de ma faveur est trop préoccupée :
Il veut par cet affront qu'elle soit détrompée,
Et que tout l'univers apprenne avec terreur
A ne confondre plus mon fils et l'empereur.
Il le peut. Toutefois j'ose encore lui dire
Qu'il doit avant ce coup affermir son empire ;
Et qu'en me réduisant à la nécessité
D'éprouver contre lui ma faible autorité,
Il expose la sienne ; et que dans la balance
Mon nom peut-être aura plus de poids qu'il ne pense.

TRAGÉDIE.

BURRHUS.
Quoi, madame! toujours soupçonner son respect!
Ne peut-il faire un pas qu'il ne vous soit suspect?
L'empereur vous croit-il du parti de Junie?
Avec Britannicus vous croit-il réunie?
Quoi! de vos ennemis devenez-vous l'appui
Pour trouver un prétexte à vous plaindre de lui?
Sur le moindre discours qu'on pourra vous redire,
Serez-vous toujours prête à partager l'empire?
Vous craindrez-vous sans cesse, et vos embras-
    semens
Ne se passeront-ils qu'en éclaircissemens?
Ah! quittez d'un censeur la triste diligence.
D'une mère facile affectez l'indulgence;
Souffrez quelques froideurs sans les faire éclater;
Et n'avertissez point la cour de vous quitter.

AGRIPPINE.
Et qui s'honorerait de l'appui d'Agrippine.
Lorsque Néron lui-même annonce ma ruine;
Lorsque de sa présence il semble me bannir;
Quand Burrhus à sa porte ose me retenir?

BURRHUS.
Madame, je vois bien qu'il est temps de me taire,
Et que ma liberté commence à vous déplaire.
La douleur est injuste; et toutes les raisons
Qui ne la flattent point aigrissent ses soupçons.
Voici Britannicus. Je lui cède ma place.
Je vous laisse écouter et plaindre sa disgrace,
Et peut-être, madame, en accuser les soins
De ceux que l'empereur a consultés le moins.

SCÈNE III.

AGRIPPINE, BRITANNICUS, NARCISSE ALBINE.

AGRIPPINE.
Ah, prince! où courez-vous? Quelle ardeur inquiète
Parmi vos ennemis en aveugle vous jette?

Que venez-vous chercher ?
BRITANNICUS.
Ce que je cherche ? Ah dieux !
Tout ce que j'ai perdu, madame, est en ces lieux.
De mille affreux soldats Junie environnée
S'est vue en ce palais indignement traînée.
Hélas ! de quelle horreur ses timides esprits
A ce nouveau spectacle auront été surpris !
Enfin on me l'enlève. Une loi trop sévère
Va séparer deux cœurs qu'assemblait leur misère :
Sans doute on ne veut pas que, mêlant nos douleurs,
Nous nous aidions l'un l'autre à porter nos malheurs.
AGRIPPINE.
Il suffit. Comme vous je ressens vos injures ;
Mes plaintes ont déjà précédé vos murmures.
Mais je ne prétends pas qu'un impuissant courroux
Dégage ma parole et m'acquitte envers vous.
Je ne m'explique point. Si vous voulez m'entendre,
Suivez-moi chez Pallas où je vais vous attendre.

SCÈNE IV.

BRITANNICUS, NARCISSE.

BRITANNICUS.
La croirai-je, Narcisse ? et dois-je sur sa foi
La prendre pour arbitre entre son fils et moi ?
Qu'en dis-tu ? N'est-ce pas cette même Agrippine
Que mon père épousa jadis pour ma ruine,
Et qui, si je t'en crois, a de ses derniers jours,
Trop lents pour ses desseins, précipité le cours !
NARCISSE.
N'importe : elle se sent comme vous outragée ;
A vous donner Junie elle s'est engagée :
Unissez vos chagrins ; liez vos intérêts.
Ce palais retentit en vain de vos regrets ;
Tandis qu'on vous verra d'une voix suppliante
Semer ici la plainte et non pas l'épouvante,
Que vos ressentimens se perdront en discours,

Il n'en faut point douter, vous vous plaindrez toujours.
BRITANNICUS.
Ah, Narcisse ! tu sais si de la servitude
Je prétends faire encore une longue habitude ;
Tu sais si pour jamais, de ma chute étonné,
Je renonce à l'empire où j'étais destiné.
Mais je suis seul encor : les amis de mon père
Sont autant d'inconnus que glace ma misère ;
Et ma jeunesse même écarte loin de moi
Tous ceux qui dans leur cœur me réservent leur foi.
Pour moi, depuis un an qu'un peu d'expérience
M'a donné de mon sort la triste connaissance,
Que vois-je autour de moi, que des amis vendus
Qui sont de tous mes pas les témoins assidus,
Qui, choisis par Néron pour ce commerce infâme,
Trafiquent avec lui des secrets de mon ame ?
Quoi qu'il en soit, Narcisse, on me vend tous les jours :
Il prévoit mes desseins, il entend mes discours ;
Comme toi, dans mon cœur il sait ce qui se passe.
Que t'en semble, Narcisse ?
NARCISSE.
Ah ! quelle ame assez basse...
C'est à vous de choisir des confidens discrets,
Seigneur, et de ne pas prodiguer vos secrets.
BRITANNICUS.
Narcisse, tu dis vrai ; mais cette défiance
Est toujours d'un grand cœur la dernière science ;
On le trompe long-temps. Mais enfin je te croi,
Ou plutôt je fais vœu de ne croire que toi.
Mon père, il m'en souvient, m'assura de ton zèle :
Seul de ses affranchis tu m'es toujours fidèle ;
Tes yeux, sur ma conduite incessamment ouverts,
M'ont sauvé jusqu'ici de mille écueils couverts.
Va donc voir si le bruit de ce nouvel orage
Aura de nos amis excité le courage.
Examine leurs yeux, observe leurs discours ;
Vois si j'en puis attendre un fidèle secours.
Sur-tout dans ce palais remarque avec adresse

Avec quel soin Néron fait garder la princesse,
Sache si du péril ses beaux yeux sont remis,
Et si son entretien m'est encore permis.
Cependant de Néron je vais trouver la mère
Chez Pallas, comme toi l'affranchi de mon père;
Je vais la voir, l'aigrir, la suivre, et, s'il se peut,
M'engager sous son nom plus loin qu'elle ne veut.

Fin du premier acte.

TRAGÉDIE.

ACTE II.

SCÈNE PREMIÈRE.

NÉRON, BURRHUS, NARCISSE, GARDES.

NÉRON.

N'EN doutez point, Burrhus ; malgré ses injustices,
C'est ma mère, et je veux ignorer ses caprices.
Mais je ne prétends plus ignorer ni souffrir
Le ministre insolent qui les ose nourrir:
Pallas de ses conseils empoisonne ma mère ;
Il séduit chaque jour Britannicus mon frère:
Ils l'écoutent tout seul ; et qui suivrait leurs pas
Les trouverait peut-être assemblés chez Pallas.
C'en est trop. De tous deux il faut que je l'écarte.
Pour la dernière fois, qu'il s'éloigne, qu'il parte;
Je le veux, je l'ordonne : et que la fin du jour
Ne le retrouve pas dans Rome ou dans ma cour.
Allez : cet ordre importe au salut de l'empire.
(aux gardes.)
Vous, Narcisse, approchez. Et vous, qu'on se retire.

SCENE II.

NÉRON, NARCISSE.

NARCISSE.

Graces aux dieux, seigneur, Junie entre vos mains
Vous assure aujourd'hui du reste des Romains.
Vos ennemis, déchus de leur vaine espérance,
Sont allés chez Pallas pleurer leur impuissance.
Mais que vois-je ? vous-même, inquiet, étonné,

Plus que Britannicus paraissez consterné.
Que présage à mes yeux cette tristesse obscure,
Et ces sombres regards errans à l'aventure?
Tout vous rit : la fortune obéit à vos vœux.

NÉRON.

Narcisse, c'en est fait, Néron est amoureux.

NARCISSE.

Vous?

NÉRON.

Depuis un moment, mais pour toute ma vie.
J'aime, que dis-je, aimer? j'idolâtre Junie.

NARCISSE.

Vous l'aimez?

NÉRON.

Excité d'un désir curieux,
Cette nuit je l'ai vue arriver en ces lieux,
Triste, levant au ciel ses yeux mouillés de larmes,
Qui brillaient au travers des flambeaux et des armes,
Belle sans ornement, dans le simple appareil
D'une beauté qu'on vient d'arracher au sommeil.
Que veux-tu? Je ne sais si cette négligence,
Les ombres, les flambeaux, les cris et le silence,
Et le farouche aspect de ses fiers ravisseurs,
Relevaient de ses yeux les timides douceurs :
Quoi qu'il en soit, ravi d'une si belle vue,
J'ai voulu lui parler, et ma voix s'est perdue :
Immobile, saisi d'un long étonnement,
Je l'ai laissé passer dans son appartement
J'ai passé dans le mien. C'est là que, solitaire,
De son image en vain j'ai voulu me distraire.
Trop présente à mes yeux, je croyais lui parler :
J'aimais jusqu'à ses pleurs que je faisais couler.
Quelquefois, mais trop tard, je lui demandais grace,
J'employais les soupirs, et même la menace.
Voilà comme, occupé de mon nouvel amour,
Mes yeux sans se fermer ont attendu le jour.
Mais je m'en fais peut-être une trop belle image;
Elle m'est apparue avec trop d'avantage :
Narcisse, qu'en dis-tu?

NARCISSE.
            Quoi, seigneur : croira-t-on
Qu'elle ait pu si long-temps se cacher à Neron ?
NÉRON.
Tu le sais bien, Narcisse. Et soit que sa colère
M'imputât le malheur qui lui ravit son frère ;
Soit que son cœur, jaloux d'une austère fierté,
Enviât à vos yeux sa naissante beauté ;
Fidèle à sa douleur, et dans l'ombre enfermée,
Elle se dérobait même à sa renommée.
Et c'est cette vertu, si nouvelle à la cour,
Dont la persévérance irrite mon amour.
Quoi, Narcisse ! tandis qu'il n'est point de Romaine
Que mon amour n'honore et ne rende plus vaine,
Qui, dès qu'à ses regards elle ose se fier,
Sur le chœur de César ne les vienne essayer,
Seule, dans son palais, la modeste Junie
Regarde leurs honneurs comme une ignominie !
Fuit, et ne daigne pas peut-être s'informer
Si César est aimable, ou bien s'il s'ait aimer !
Dis-moi, Britannicus, l'aime-t-il ?
NARCISSE.
                    Quoi ! s'il l'aime,
Seigneur ?
NÉRON.
            Si jeune encor se connaît-il lui-même ?
D'un regard enchanteur connaît-il le poison ?
NARCISSE.
Seigneur, l'amour toujours n'attend pas la raison.
N'en doutez point, il l'aime. Instruit par tant de charmes
Ses yeux sont déjà faits à l'usage des larmes ;
A ses moindres désirs il sait s'accommoder ;
Et peut-être déjà sait-il persuader.
NÉRON.
Que dis-tu ? Sur son cœur il aurait quelque empire ?
NARCISSE.
Je ne sais. Mais, seigneur, ce que je puis vous dire,
Je l'ai vu quelquefois s'arracher de ces lieux,

Le cœur plein d'un courroux qu'il cachait à vos yeux,
D'une cour qui le fuit pleurant l'ingratitude,
Las de votre grandeur et de sa servitude,
Entre l'impatience et la crainte flottant,
Il allait voir Junie, et revenait content.

NÉRON.

D'autant plus malheureux qu'il aura su lui plaire,
Narcisse, il doit plutôt souhaiter sa colère :
Néron impunément ne sera pas jaloux.

NARCISSE.

Vous ? Et de quoi, seigneur, vous inquiétez-vous ?
Junie a pu le plaindre et partager ses peines ;
Elle n'a vu couler des larmes que les siennes :
Mais aujourd'hui, seigneur, que ses yeux dessillés,
Regardant de plus près l'éclat dont vous brillez,
Verront autour de vous les rois sans diadème,
Inconnus dans la foule, et son amant lui-même,
Attachés sur vos yeux, s'honorer d'un regard
Que vous aurez sur eux fait tomber au hasard ;
Quand elle vous verra, de ce degré de gloire,
Venir en soupirant avouer sa victoire ;
Maître, n'en doutez point, d'un cœur déjà charmé,
Commandez qu'on vous aime, et vous serez aimé.

NERON.

A combien de chagrins il faut que je m'apprête !
Que d'importunités !

NARCISSE.

Quoi donc ! qui vous arrête,
Seigneur ?

NERON.

Tout : Octavie, Agrippine, Burrhus,
Sénèque, Rome entière, et trois ans de vertus.
Non que pour Octavie un reste de tendresse
M'attache à son hymen et plaigne sa jeunesse :
Mes yeux, depuis long-temps fatigués de ses soins,
Rarement de ses pleurs daignent être témoins.
Trop heureux si bientôt la faveur d'une divorce
Me soulageait d'un joug qu'on m'imposa par force !
Le ciel même en secret semble la condamner :

Ses vœux depuis quatre ans ont beau l'importuner,
Les dieux ne montrent point que sa vertu les touche,
D'aucun gage, Narcisse, ils n'honorent sa couche,
L'empire vainement demande un héritier.

NARCISSE.

Que tardez-vous, seigneur, à la répudier ?
L'empire, votre cœur, tout condamne Octavie.
Auguste votre aïeul soupirait pour Livie :
Par un double divorce ils s'unirent tous deux ;
Et vous devez l'empire à ce divorce heureux.
Tibère, que l'hymen plaça dans sa famille,
Osa bien à ses yeux répudier sa fille.
Vous seul, jusques ici contraire à vos désirs,
N'osez par un divorce assurer vos plaisirs !

NERON.

Et ne connais-tu pas l'implacable Agrippine ?
Mon amour inquiet déjà se l'imagine
Qui m'amène Octavie, et d'un œil enflammé
Atteste les saints droits d'un nœud qu'elle a formé,
Et, portant à mon cœur des atteintes plus rudes,
Me fait un long récit de mes ingratitudes.
De quel front soutenir ce fâcheux entretien ?

NARCISSE.

N'êtes-vous pas, seigneur, votre maître et le sien ?
Vous verrons-nous toujours trembler sous sa tutelle ?
Vivez, régnez pour vous ; c'est trop régner pour elle.
Craignez-vous ? Mais, seigneur, vous ne la craignez pas,
Vous venez de bannir le superbe Pallas,
Pallas dont vous savez qu'elle soutient l'audace.

NERON.

Éloigné de ses yeux, j'ordonne, je menace,
J'écoute vos conseils, j'ose les approuver,
Je m'excite contre elle, et tâche à la braver ;
Mais, je t'expose ici mon ame toute nue,
Sitôt que mon malheur me ramène à sa vue,
Soit que je n'ose encor démentir le pouvoir
De ces yeux où j'ai lu si long-temps mon devoir,

Soit qu'à tant de bienfaits ma mémoire fidèle
Lui soumette en secret tout ce que je tiens d'elle;
Mais enfin mes efforts ne me servent de rien ;
Mon génie étonné tremble devant le sien.
Et c'est pour m'affranchir de cette dépendance,
Que je la fuis par-tout, que même je l'offense,
Et que de temps en temps j'irrite ses ennuis,
Afin qu'elle m'évite autant que je la fuis.
Mais je t'arrête trop : retire-toi, Narcisse ;
Britannicus pourrait t'accuser d'artifice.

NARCISSE.

Non, non, Britannicus s'abandonne à ma foi.
Par son ordre, seigneur, il croit que je vous vois,
Que je m'informe ici de tout ce qui le touche,
Et veut de vos secrets être instruit par ma bouche :
Impatient sur-tout de revoir ses amours,
Il attend de mes soins ce fidèle secours.

NERON.

J'y consens ; porte-lui cette douce nouvelle :
Il la verra.

NARCISSE.

Seigneur, bannissez-le loin d'elle.

NERON.

J'ai mes raisons, Narcisse ; et tu peux concevoir
Que je lui vendrai cher le plaisir de la voir.
Cependant vante-lui ton heureux stratagème ;
Dis-lui qu'en sa faveur on me trompe moi-même,
Qu'il la voit sans mon ordre. On ouvre ; la voici.
Va retrouver ton maître, et l'amener ici.

SCENE III.

NÉRON, JUNIE.

NERON.

Vous vous troublez, madame, et changez de visage :
Lisez-vous dans mes yeux quelque triste présage ?

JUNIE.

Seigneur, je ne vous puis déguiser mon erreur ;

TRAGÉDIE.

J'allais voir Octavie, et non pas l'empereur.
NERON.
Je le sais bien, madame, et n'ai pu sans envie
Apprendre vos bontés pour l'heureuse Octavie.
JUNIE.
Vous, seigneur ?
NERON.
   Pensez-vous, madame, qu'en ces lieux
Seule pour vous connaître Octavie ait des yeux ?
JUNIE
Et quel autre, seigneur, voulez-vous que j'implore?
A qui demanderai-je un crime que j'ignore ?
Vous qui le punissez, vous ne l'ignorez pas :
De grace, apprenez-moi, seigneur, mes attentats.
NERON.
Quoi, madame ! est-ce donc une légère offense
De m'avoir si long-temps caché votre présence ;
Ces trésors dont le ciel voulut vous embellir,
Les avez-vous reçus pour les ensevelir,
L'heureux Britannicus verra-t-il sans alarmes
Croître, loin de nos yeux, son amour et vos charmes?
Pourquoi, de cette gloire exclus jusqu'à ce jour,
M'avez-vous, sans pitié, relégué dans ma cour ?
On dit plus ; vous souffrez sans en être offensée
Qu'il vous ose, madame, expliquer sa pensée ;
Car je ne croirai point que sans me consulter
La sévère Junie ait voulu le flatter,
Ni qu'elle ait consenti d'aimer et d'être aimée,
Sans que j'en sois instruit que par la renommée.
JUNIE.
Je ne vous nierai point, seigneur, que ses soupirs
M'ont daigné quelquefois expliquer ses désirs.
Il n'a point détourné ses regards d'une fille
Seul reste du débris d'une illustre famille ;
Peut-être il se souvient qu'en un temps plus heureux
Son père me nomma pour l'objet de ses vœux.
Il m'aime ; il obéit à l'empereur son père,
Et j'ose dire encore, à vous, à votre mère :
Vos désirs sont toujours si conformes aux siens....

NÉRON.
Ma mère a ses desseins, madame, et j'ai les miens.
Ne parlons plus ici de Claude et d'Agrippine;
Ce n'est point par leur choix que je me détermine.
C'est à moi seul, madame, à répondre de vous;
Et je veux de ma main vous choisir un époux.

JUNIE.
Ah, seigneur! songez-vous que toute autre alliance
Fera honte aux Césars, auteurs de ma naissance?

NÉRON.
Non, madame; l'époux dont je vous entretiens
Peut sans honte assembler vos aïeux et les siens;
Vous pouvez, sans rougir, consentir à sa flamme.

JUNIE.
Et quel est donc, seigneur, cet époux?

NÉRON.
Moi, madame.

JUNIE.
Vous!

NÉRON.
Je vous nommerais, madame, un autre nom,
Si j'en savais quelque autre au-dessus de Néron.
Oui, pour vous faire un choix où vous puissiez souscrire,
J'ai parcouru des yeux la cour, Rome et l'empire.
Plus j'ai cherché, madame, et plus je cherche encor
En quelles mains je dois confier ce trésor;
Plus je vois que César, digne seul de vous plaire,
En doit être lui seul l'heureux dépositaire.
Et ne peut dignement vous confier qu'aux mains
A qui Rome a commis l'empire des humains.
Vous même, consultez vos premières années
Claudius à son fils les avait destinées;
Mais c'était en un temps où de l'empire entier
Il croyait quelque jour le nommer l'héritier.
Les dieux ont prononcé. Loin de leur contredire,
C'est à vous de passer du côté de l'empire.
En vain de ce présent ils m'auraient honoré,
Si votre cœur devait en être séparé,

Si tant de soins ne sont adoucis par vos charmes !
Si, tandis que je donne aux veilles, aux alarmes,
Des jours toujours à plaindre et toujours enviés,
Je ne vais quelquefois respirer à vos piés.
Qu'Octavie à vos yeux ne fasse point d'ombrage,
Rome, aussi-bien que moi, vous donne son suffrage,
Répudie Octavie, et me fait dénouer
Un hymen que le ciel ne veut point avouer.
Songez-y donc, madame, et pesez en vous-même
Ce choix digne des soins d'un prince qui vous aime,
Digne de vos beaux yeux trop long-temps captivés,
Digne de l'univers, à qui vous vous devez.

JUNIE.

Seigneur, avec raison je demeure étonnée.
Je me vois, dans le cours d'une même journée,
Comme une criminelle amenée en ces lieux;
Et lorsqu'avec frayeur je parais à vos yeux,
Que sur mon innocence à peine je me fie,
Vous m'offrez tout d'un coup la place d'Octavie.
J'ose dire pourtant que je n'ai mérité,
Ni cet excès d'honneur, ni cette indignité.
Et pouvez-vous, seigneur, souhaiter qu'une fille
Qui vit presque en naissant éteindre sa famille,
Qui, dans l'obscurité nourrissant sa douleur,
S'est fait une vertu conforme à son malheur,
Passe subitement de cette nuit profonde
Dans un rang qui l'expose aux yeux de tout le monde,
Dont je n'ai pu de loin soutenir la clarté,
Et dont une autre enfin remplit la majesté ?

NÉRON.

Je vous ai déjà dit que je la répudie :
Ayez moins de frayeur, ou moins de modestie.
N'accusez point ici mon choix d'aveuglement :
Je vous réponds de vous ; consentez seulement.
Du sang dont vous sortez rappelez la mémoire ;
Et ne préférez point à la solide gloire
Des honneurs dont César prétend vous revêtir,
La gloire d'un refus sujet au repentir.

B

JUNIE.

Le ciel connaît, seigneur, le fond de ma pensée.
Je ne me flatte point d'une gloire insensée:
Je sais de vos présens mesurer la grandeur;
Mais plus ce rang sur moi répandrait de splendeur,
Plus il me ferait honte, et mettrait en lumière
Le crime d'en avoir dépouillé l'héritière.

NERON.

C'est de ses intérêts prendre beaucoup de soin,
Madame; et l'amitié ne peut aller plus loin.
Mais ne nous flattons point, et laissons le mystère.
La sœur vous touche ici beaucoup moins que le frère;
Et pour Britannicus....

JUNIE.

Il a su me toucher,
Seigneur; et je n'ai point prétendu m'en cacher.
Cette sincérité sans doute est peu discrète;
Mais toujours de mon cœur ma bouche est l'interprète:
Absente de la cour, je n'ai pas dû penser,
Seigneur, qu'en l'art de feindre il fallut m'exercer.
J'aime Britannicus. Je lui fus destinée
Quand l'empire devait suivre son hyménée:
Mais ces mêmes malheurs qui l'en ont écarté,
Ses honneurs abolis, son palais déserté,
La fuite d'une cour que sa chute a bannie,
Sont autant de liens qui retiennent Junie.
Tout ce que vous voyez conspire à vos désirs;
Vos jours toujours sereins coulent dans les plaisirs;
L'empire en est pour vous l'inépuisable source.
Ou, si quelque chagrin en interrompt la course,
Tout l'univers, soigneux de les entretenir,
S'empresse à l'effacer de votre souvenir.
Britannicus est seul: quelque ennui qui le presse
Il ne voit dans son sort que moi qui s'intéresse,
Et n'a pour tous plaisirs, seigneur, que quelques pleurs
Qui lui font quelquefois oublier ses malheurs.

TRAGÉDIE.

NERON.

Et ce sont ces plaisirs et ces pleurs que j'envie,
Que toute autre que lui me paierait de sa vie.
Mais je garde à ce prince un traitement plus doux :
Madame, il va bientôt paraître devant vous.

JUNIE.

Ah, seigneur ! vos vertus m'ont toujours rassurée.

NERON.

Je pouvais de ces lieux lui défendre l'entrée ;
Mais, madame, je veux prévenir le danger
Où son ressentiment le pourrait engager.
Je ne veux point le perdre ; il vaut mieux que lui-même
Entende son arrêt de la bouche qu'il aime.
Si ses jours vous sont chers, éloignez-le de vous
Sans qu'il ait aucun lieu de me croire jaloux.
De son bannissement prenez sur vous l'offense ;
Et, soit par vos discours, soit par votre silence,
Du moins par vos froideurs, faites-lui concevoir
Qu'il doit porter ailleurs ses vœux et son espoir.

JUNIE.

Moi ! que je lui prononce un arrêt si sévère !
Ma bouche mille fois lui jura le contraire.
Quand même jusque-là je pourrais me trahir,
Mes yeux lui défendront, seigneur, de m'obéir.

NERON.

Caché près de ces lieux, je vous verrai, madame.
Renfermez votre amour dans le fond de votre ame :
Vous n'aurez point pour moi de langages secrets ;
J'entendrai des regards que vous croirez muets ;
Et sa perte sera l'infaillible salaire
D'un geste ou d'un soupir échappé pour lui plaire.

JUNIE.

Hélas ! si j'ose encor former quelques souhaits,
Seigneur, permettez-moi de ne le voir jamais.

SCENE IV.

NÉRON, JUNIE, NARCISSE.

NARCISSE.

Britannicus, seigneur, demande la princesse ;
Il approche.

NERON.

Qu'il vienne.

JUNIE.

Ah, seigneur !

NERON.

Je vous laisse.
Sa fortune dépend de vous plus que de moi ;
Madame, en le voyant, songez que je vous voi.

SCÈNE V.

JUNIE, NARCISSE.

JUNIE.

Ah ! cher Narcisse, cours au-devant de ton maître ;
Dis-lui... Je suis perdue ! et je le vois paraître.

SCENE VI.

JUNIE, BRITANNICUS, NARCISSE.

BRITANNICUS.

Madame, quel bonheur me rapproche de vous ?
Quoi ! je puis donc jouir d'un entretien si doux ?
Mais parmi ce plaisir quel chagrin me dévore ?
Hélas ! puis-je espérer de vous revoir encore ?
Faut-il que je dérobe, avec mille détours,
Un bonheur que vos yeux m'accordaient tous les jours ?
Quelle nuit ! quel réveil ! Vos pleurs, votre présence
N'ont point de ces cruels désarmé l'insolence ?
Que faisait votre amant ? Quel démon envieux

M'a refusé l'honneur de mourir à vos yeux.
Hélas! dans la frayeur dont vous étiez atteinte,
M'avez-vous en secret adressé quelque plainte?
Ma princesse, avez-vous daigné me souhaiter?
Songiez-vous aux douleurs que vous m'alliez coûter?..
Vous ne me dites rien! quel accueil! quelle glace!
Est-ce ainsi que vos yeux consolent ma disgrace?
Parlez: nous sommes seuls. Notre ennemi, trompé,
Tandis que je vous parle est ailleurs occupé:
Ménageons les momens de cette heureuse absence.

JUNIE.
Vous êtes en des lieux tout pleins de sa puissance:
Ces murs même, seigneur, peuvent avoir des yeux;
Et jamais l'empereur n'est absent de ces lieux.

BRITANNICUS.
Et depuis quand, madame, êtes-vous si craintive?
Quoi! déjà votre amour souffre qu'on le captive?
Qu'est devenu ce cœur qui me jurait toujours
De faire à Néron même envier nos amours?
Mais bannissez, madame, une inutile crainte:
La foi dans tous les cœurs n'est pas encore éteinte;
Chacun semble des yeux approuver mon courroux;
La mère de Néron se déclare pour nous.
Rome, de sa conduite elle-même offensée...

JUNIE.
Ah, seigneur! vous parlez contre votre pensée.
Vous-même, vous m'avez avoué mille fois
Que Rome le louait d'une commune voix:
Toujours à sa vertu vous rendiez quelque hommage.
Sans doute la douleur vous dicte ce langage.

BRITANNICUS.
Ce discours me surprend, il le faut avouer:
Je ne vous cherchais pas pour l'entendre louer.
Quoi! pour vous confier la douleur qui m'accable,
A peine je dérobe un moment favorable;
Et ce moment si cher, madame, est consumé
A louer l'ennemi dont je suis opprimé!
Qui vous rend à vous-même, en un jour, si contraire?

B 3

Quoi! même vos regards ont appris à se taire?
Que vois-je? vous craignez de rencontrer mes yeux?
Néron vous plairait-il? Vous serais-je odieux?
Ah! si je le croyais!... Au nom des dieux, madame,
Éclaircissez le trouble où vous jetez mon ame.
Parlez. Ne suis-je plus dans votre souvenir?

JUNIE.

Retirez-vous, seigneur; l'empereur va venir.

BRITANNICUS.

Après ce coup, Narcisse, à quoi dois-je m'attendre?

SCÈNE VII.

NÉRON, JUNIE, NARCISSE.

NERON.

Madame...

JUNIE.

Non, seigneur, je ne puis rien entendre.
Vous êtes obéi. Laissez couler du moins
Des larmes dont ses yeux ne seront pas témoins.

SCENE VIII.

NÉRON, NARCISSE.

NERON.

Hé bien! de leur amour tu vois la violence,
Narcisse; elle a paru jusque dans son silence.
Elle aime mon rival, je ne puis l'ignorer:
Mais je mettrai ma joie à le désespérer.
Je me fais de sa peine une image charmante:
Et je l'ai vu douter du cœur de son amante.
Je la suis. Mon rival t'attend pour éclater:
Par de nouveaux soupçons, va, cours le tourmenter;
Et tandis qu'à mes yeux on le pleure, on l'adore,
Fais-lui payer bien cher un bonheur qu'il ignore.

TRAGÉDIE.

NARCISSE, *seul.*

La fortune t'appelle une seconde fois,
Narcisse ; voudrais-tu résister à sa voix ?
Suivons jusques au bout ses ordres favorables,
Et, pour nous rendre heureux, perdons les misé-
  rables.

Fin du second acte.

ACTE III.

SCENE PREMIERE.

NÉRON, BURRHUS.

BURRHUS.

Pallas obéira, seigneur.

NERON.

     Et de quel œil
Ma mère a-t-elle vu confondre son orgueil !

BURRHUS.

Ne doutez point, seigneur, que ce coup ne la frappe ;
Qu'en reproches bientôt sa douleur ne s'échappe.
Ses transports dès-long-temps commencent d'éclater :
A d'inutiles cris puissent-ils s'arrêter !

NERON.

Quoi ! de quelque dessein la croyez-vous capable ?

BURRHUS.

Agrippine, seigneur, est toujours redoutable.
Rome et tous vos soldats révèrent ses aïeux ;
Germanicus son père est présent à leurs yeux.
Elle sait son pouvoir ; vous savez son courage :
Et ce qui me la fait redouter davantage,
C'est que vous appuyez vous-même son courroux,
Et que vous lui donnez des armes contre vous.

NERON.

Moi, Burrhus ?

BURRHUS.

  Cet amour, seigneur, qui vous possède...

NERON.

Je vous entends, Burrhus. Le mal est sans remède :
Mon cœur s'en est plus dit que vous ne m'en direz ;
Il faut que j'aime enfin.

TRAGÉDIE.

BURRHUS.
　　　　　Vous vous le figurez,
Seigneur; et, satisfait de quelque résistance,
Vous redoutez un mal faible dans sa naissance.
Mais si dans son devoir votre cœur affermi
Voulait ne point s'entendre avec son ennemi ;
Si de vos premiers ans vous consultiez la gloire ;
Si vous daigniez, seigneur, rappeler la mémoire
Des vertus d'Octavie indignes de ce prix,
Et de son chaste amour vainqueur de vos mépris ;
Sur-tout si, de Junie évitant la présence,
Vous condamniez vos yeux à quelques jours
　　　d'absence,
Croyez-moi, quelque amour qui semble vous char-
　　mer,
On n'aime point, seigneur, si l'on ne veut aimer.

NÉRON.
Je vous croirai, Burrhus, lorsque dans les alarmes
Il faudra soutenir la gloire de nos armes,
Ou lorsque, plus tranquille, assis dans le sénat,
Il faudra décider du destin de l'état :
Je m'en reposerai sur votre expérience.
Mais croyez-moi, l'amour est une autre science,
Burrhus; et je ferais quelque difficulté
D'abaisser jusque-là votre sévérité.
Adieu. Je souffre trop éloigné de Junie.

SCÈNE II.

BURRUS.

Enfin, Burrhus, Néron découvre son génie :
Cette férocité que tu croyais fléchir
De tes faibles liens est prête à s'affranchir.
En quels excès peut-être elle va se répandre !
O dieux ! en ce malheur quel conseil dois-je prendre?
Sénèque, dont les soins me devraient soulager,
Occupé loin de Rome, ignore ce danger.
Mais quoi ! si d'Aprippine excitant la tendresse
Je pouvais.... La voici : mon bonheur me l'adresse.

SCENE III.

AGRIPPINE, BURRHUS, ALBINE.

AGRIPPINE.

Hé bien ! Je me trompais, Burrhus, dans mes soupçons ?
Et vous vous signalez par d'illustres leçons !
On exile Pallas, dont le crime peut-être
Est d'avoir à l'empire élevé votre maître.
Vous le savez trop bien ; jamais, sans ses avis,
Claude qui gouvernait n'eût adopté mon fils.
Que dis-je ? à son épouse on donne une rivale ;
On affranchit Néron de la foi conjugale :
Digne emploi d'un ministre ennemi des flatteurs,
Choisi pour mettre un frein à ses jeunes ardeurs,
De les flatter lui-même, et nourrir dans son ame
Le mépris de sa mère et l'oubli de sa femme !

BURRHUS.

Madame, jusqu'ici c'est trop tôt m'accuser.
L'empereur n'a rien fait qu'on ne puisse excuser.
N'imputez qu'à Pallas un exil nécessaire :
Son orgueil dès long-temps exigeait ce salaire ;
Et l'empereur ne fait qu'accomplir à regret
Ce que toute la cour demandait en secret.
Le reste est un malheur qui n'est point sans ressource :
Des larmes d'Octavie on peut tarir la source.
Mais calmez vos transports. Par un chemin plus doux,
Vous lui pourrez plutôt ramener son époux :
Les menaces, les cris, le rendront plus farouche.

AGRIPPINE.

Ah ! l'on s'efforce en vain de me fermer la bouche.
Je vois que mon silence irrite vos dédains ;
Et c'est trop respecter l'ouvrage de mes mains.
Pallas n'emporte pas tout l'appui d'Agrippine ;
Le ciel m'en laisse assez pour venger ma ruine.
Le fils de Claudius commence à ressentir

TRAGÉDIE.

Des crimes dont je n'ai que le seul repentir.
J'irai, n'en doutez point, le montrer à l'armée,
Plaindre aux yeux des soldats son enfance opprimée,
Leur faire, à mon exemple, expier leur erreur.
On verra d'un côté le fils d'un empereur
Redemandant la foi jurée à sa famille,
Et de Germanicus on entendra la fille :
De l'autre, l'on verra le fils d'Enobarbus,
Appuyé de Sénèque et du tribun Burrhus,
Qui, tous deux de l'exil rappelés par moi-même,
Partagent à mes yeux l'autorité suprême.
De nos crimes communs je veux qu'on soit instruit ;
On saura les chemins par où je l'ai conduit.
Pour rendre sa puissance et la vôtre odieuses,
J'avoûrai les rumeurs les plus injurieuses ;
Je confesserai tout, exils, assassinats,
Poison même...

BURRHUS.
          Madame, ils ne vous croiront pas :
Ils sauront récuser l'injuste stratagème
D'un témoin irrité qui s'accuse lui-même.
Pour moi, qui le premier secondai vos desseins,
Qui fis même jurer l'armée entre ses mains,
Je ne me repens point de ce zèle sincère.
Madame, c'est un fils qui succède à son père.
En adoptant Néron, Claudius par son choix
De son fils et du vôtre a confondu les droits.
Rome l'a pu choisir. Ainsi, sans être injuste,
Elle choisit Tibère adopté par Auguste ;
Et le jeune Agrippa, de son sang descendu,
Se vit exclu du rang vainement prétendu.
Sur tant de fondemens sa puissance établie
Par vous-même aujourd'hui ne peut être affaiblie ;
Et, s'il m'écoute encor, madame, sa bonté
Vous en fera bientôt perdre la volonté.
J'ai commencé, je vais poursuivre mon ouvrage.

BRITANNICUS,

SCENE IV.

AGRIPPINE, ALBINE.

ALBINE.

Dans quel emportement la douleur vous engage,
Madame ! L'empereur puisse-t-il l'ignorer !
AGRIPPINE.
Ah ! lui-même à mes yeux puisse-t-il se montrer !
ALBINE.
Madame, au nom des dieux, cachez votre colère,
Quoi ! pour les intérêts de la sœur ou du frère,
Faut-il sacrifier le repos de vos jours ?
Contraindrez-vous César jusques dans ses amours.
AGRIPPINE.
Quoi ! tu ne vois donc pas jusqu'où l'on me ravale,
Albine ? C'est à moi qu'on donne une rivale ?
Bientôt, si je ne romps ce funeste lien,
Ma place est occupée, et je ne suis plus rien.
Jusqu'ici d'un vain titre Octavie honorée,
Inutile à la cour, en était ignorée :
Les graces, les honneurs par moi seule versés,
M'attiraient des mortels les vœux intéressés.
Une autre de César a surpris la tendresse ;
Elle aura le pouvoir d'épouse et de maîtresse ;
Le fruit de tant de soins, la pompe des Césars,
Tout deviendra le prix d'un seul de ses regards.
Que dis-je, l'on m'évite et déjà délaissée..
Ah ! je ne puis, Albine, en souffrir la pensée.
Quand je devrais du ciel hâter l'arrêt fatal,
Néron, l'ingrat Néron... Mais voici son rival.

SCENE

TRAGÉDIE.

SCENE V.

BRITANNICUS, AGRIPPINE, NARCISSE, ALBINE.

BRITANNICUS.

Nos ennemis communs ne sont pas invincibles,
Madame; nos malheurs trouvent des cœurs sensibles:
Vos amis et les miens, jusqu'alors si secrets,
Tandis que nous perdions le temps en vains regrets
Animés du courroux qu'allume l'injustice,
Viennent de confier leur douleur à Narcisse.
Néron n'est pas encor tranquille possesseur
De l'ingrate qu'il aime au mépris de ma sœur.
Si vous êtes toujours sensible à son injure,
On peut dans son devoir ramener le parjure,
La moitié du sénat s'intéresse pour nous;
Sylla, Pison, Plautus...
AGRIPPINE.
Prince, que dites-vous?
Sylla, Pison, Plautus, les chefs de la noblesse?
BRITANNICUS.
Madame, je vois bien que ce discours vous blesse,
Et que votre courroux, tremblant, irrésolu,
Craint déjà d'obtenir tout ce qu'il a voulu.
Non, vous avez trop bien établi ma disgrace;
D'aucun ami pour moi ne redoutez l'audace
Il ne m'en reste plus; et vos soins trop prudens
Les ont tous écartés ou séduits dès long-temps.
AGRIPPINE.
Seigneur, à vos soupçons donnez moins de créance;
Notre salut dépend de notre intelligence.
J'ai promis, il suffit, malgré vos ennemis,
Je ne révoque rien de ce que j'ai promis.
Le coupable Néron fuit en vain ma colère;
Tôt ou tard il faudra qu'il entende sa mère.
J'essaierai tour à tour la force et la douceur;

Tome II.   C

Ou moi-même, avec moi conduisant votre sœur,
J'irai semer par-tout ma crainte et ses alarmes,
Et ranger tous les cœurs du parti de ses larmes.
Adieu. J'assiégerai Néron de toutes parts.
Vous, si vous m'en croyez, évitez ses regards.

SCENE VI.

BRITANNICUS, NARCISSE.

BRITANNICUS.

Ne m'as-tu point flatté d'une fausse espérance ?
Puis-je sur ton récit fonder quelque assurance,
Narcisse ?

NARCISSE.
 Oui. Mais, seigneur, ce n'est pas en ces lieux
Qu'il faut développer ce mystere à vos yeux.
Sortons. Qu'attendez-vous ?

BRITANNICUS.
    Ce que j'attends, Narcisse !
Hélas !

NARCISSE.
 Expliquez-vous.

BRITANNICUS.
   Si par ton artifice
Je pourrais revoir...

NARCISSE.
  Qui ?

BRITANNICUS.
    J'en rougis. Mais enfin
D'un cœur moins agité j'attendrais mon destin.

NARCISSE.
Après tous mes discours vous la croyez fidèle ?

BRITANNICUS.
Non, je la crois, Narcisse, ingrate, criminelle,
Digne de mon courroux : mais, je sens malgré moi,
Que je ne le crois pas autant que je le doi.
Dans ses égaremens mon cœur opiniâtre

Lui prête des raisons, l'excuse, l'idolâtre.
Je voudrais vaincre enfin mon incrédulité :
Je la voudrais haïr avec tranquillité.
Et qui croira qu'un cœur si grand en apparence,
D'un infidèle cour ennemi dès l'enfance,
Renonce à tant de gloire, et dès le premier jour
Trame une perfidie inouie à la cour ?

NARCISSE.

Et qui sait si l'ingrate en sa longue retraite,
N'a point de l'empereur médité la défaite ?
Trop sûre que ses yeux ne pouvaient se cacher,
Peut-être elle fuyait pour se faire chercher,
Pour exciter Néron par la gloire pénible
De vaincre une fierté jusqu'alors invincible.

BRITANNICUS.

Je ne la puis donc voir ?

NARCISSE.

       Seigneur, en ce moment
Elle reçoit les vœux de son nouvel amant.

BRITANNICUS.

Hé bien ! Narcisse, allons. Mais que vois-je ? C'est-elle.

NARCISSE, *à part*.

Ah dieux ! A l'empereur portons cette nouvelle.

SCENE VII.

JUNIE, BRITANNICUS.

JUNIE.

Retirez-vous, seigneur, et fuyez un courroux
Que ma perseverance allume contre vous.
Néron est irrité. Je me suis échappée,
Tandis qu'à l'arrêter sa mère est occupée.
Adieu ; réservez-vous, sans blesser mon amour,
Au plaisir de me voir justifier un jour.
Votre image sans cesse est présente à mon ame ;
Rien ne l'en peut bannir.

BRITANNICUS,
BRITANNICUS.
Je vous entends, madame ;
Vous voulez que ma fuite assure vos désirs,
Que je laisse un champ libre à vos nouveaux soupirs.
Sans doute, en me voyant, une pudeur secrète
Ne vous laisse goûter qu'une joie inquiète.
Hé bien, il faut partir !
JUNIE.
Seigneur, sans m'imputer....
BRITANNICUS.
Ah ! vous deviez du moins plus long-temps disputer.
Je ne murmure point qu'une amitié commune
Se range du parti que flatte la fortune ;
Que l'éclat d'un empire ait pu vous éblouir ;
Qu'aux dépens de ma sœur vous en vouliez jouir :
Mais que, de ces grandeurs comme un autre occupée,
Vous m'en ayez paru si long-temps détrompée ;
Non, je l'avoue encor, mon cœur désespéré
Contre ce seul malheur n'était point préparé.
J'ai vu sur ma ruine élever l'injustice ;
De mes persécuteurs j'ai vu le ciel complice :
Tant d'horreurs n'avaient point épuisé son courroux,
Madame ; il me restait d'être oublié de vous.
JUNIE.
Dans un temps plus heureux, ma juste impatience
Vous ferait repentir de votre défiance.
Mais Néron vous menace ; en ce pressant danger,
Seigneur, j'ai d'autres soins que de vous affliger.
Allez, rassurez-vous, et cessez de vous plaindre ;
Néron nous écoutait, et m'ordonnait de feindre.
BRITANNICUS.
Quoi ! le cruel....
JUNIE.
Témoin de tout notre entretien,
D'un visage sévère examinait le mien,
Prêt à faire sur vous éclater la vengeance
D'un geste confident de notre intelligence.
BRITANNICUS.
Néron nous écoutait, madame ! Mais, hélas !

TRAGÉDIE.

Vos yeux auraient pu feindre et ne m'abuser pas :
Ils pouvaient me nommer l'auteur de cet outrage.
L'amour est-il muet, ou n'a-t-il qu'un langage ?
De quel trouble un regard pouvait me préserver !
Il fallait....

JUNIE.
Il fallait me taire et vous sauver.
Combien de fois, hélas ! puisqu'il faut vous le dire,
Mon cœur de son désordre allait-il vous instruire !
De combien de soupirs interrompant le cours
Ai-je évité vos yeux que je cherchais toujours !
Quel tourment de se taire en voyant ce qu'on aime,
De l'entendre gémir, de l'affliger soi-même,
Lorsque par un regard on peut le consoler !
Mais quels pleurs ce regard aurait-il fait couler !
Ah ! dans ce souvenir, inquiète, troublée,
Je ne me sentais pas assez dissimulée :
De mon front effrayé je craignais la pâleur ;
Je trouvais mes regards trop pleins de ma douleur :
Sans cesse il me semblait que Néron en colère
Me venait reprocher trop de soin de vous plaire :
Je craignais mon amour vainement renfermé ;
Enfin, j'aurais voulu n'avoir jamais aimé.
Hélas pour son bonheur, seigneur, et pour le nôtre,
Il n'est que trop instruit de mon cœur et du vôtre !
Allez, encore un coup, cachez-vous à ses yeux :
Mon cœur plus à loisir vous éclaircira mieux.
De mille autres secrets j'aurais compte à vous rendre.

BRITANNICUS.
Ah ! n'en voilà que trop : c'est trop me faire entendre,
Madame, mon bonheur, mon crime, vos bontés.
Et savez-vous pour moi tout ce que vous quittez ?
(se jettant aux pieds de Junie.)
Quand pourrai-je à vos pieds expier ce reproche ?

JUNIE.
Que faites-vous ! Hélas ! votre rival s'approche.

SCÈNE VIII.

NÉRON, BRITANNICUS, JUNIE.

NERON.

Prince, continuez des transports si charmans.
Je conçois vos bontés par ses remercimens,
Madame, à vos genoux je viens de le surprendre.
Mais il aurait aussi quelque grace à me rendre ;
Ce lieu le favorise, et je vous y retiens.
Pour lui faciliter de si doux entretiens.

BRITANNICUS.

Je puis mettre à ses pieds ma douleur ou ma joie
Par-tout où sa bonté consent que je la voie ;
Et l'aspect de ces lieux où vous la reteniez
N'a rien dont mes regards doivent être étonnés.

NÉRON.

Et que vous montrent-ils qui ne vous avertisse
Qu'il faut qu'on me respecte et que l'on m'obéisse ?

BRITANNICUS.

Ils ne nous ont pas vu l'un et l'autre élever,
Moi pour vous obéir, et vous pour me braver ;
Et ne s'attendaient pas lorsqu'ils nous virent naître,
Qu'un jour Domitius me dût parler en maître.

NERON.

Ainsi par le destin nos vœux sont traversés ;
J'obeissais alors, et vous obéissez.
Si vous n'avez appris à vous laisser conduire,
Vous êtes jeune encore, et l'on peut vous instruire.

BRITANNICUS.

Et qui m'en instruira ?

NERON.
    Tout l'empire à la fois.

Rome.

BRITANNICUS.
   Rome met-elle au nombre de vos droits
Tout ce qu'a de cruel l'injustice et la force,
Les emprisonnemens, le rapt, et le divorce ?

NERON.
Rome ne porte point ses regards curieux
Jusques dans des secrets que je cache à ses yeux.
Imitez son respect.
BRITANNICUS.
On sait ce qu'elle en pense.
NERON.
Elle se tait du moins : imitez son silence.
BRITANNICUS.
Ainsi Néron commence à ne se plus forcer.
NERON.
Néron de vos discours commence à se lasser.
BRITANNICUS.
Chacun devait bénir le bonheur de son règne.
NERON.
Heureux ou malheureux, il suffit qu'on me craigne.
BRITANNICUS.
Je connais mal Junie, ou de tels sentimens
Ne mériteront pas ses applaudissemens.
NERON.
Du moins, si je ne sais le secret de lui plaire,
Je sais l'art de punir un rival téméraire.
BRITANNICUS.
Pour moi, quelque péril qui me puisse accabler,
Sa seule inimitié peut me faire trembler.
NERON.
Souhaitez-là ; c'est tout ce que je vous puis dire.
BRITANNICUS.
Le bonheur de lui plaire est le seul où j'aspire.
NERON.
Elle vous l'a promis, vous lui plairez toujours.
BRITANNICUS.
Je ne sais pas du moins épier ses discours :
Je la laisse expliquer sur tout ce qui me touche ;
Et ne me cache point pour lui fermer la bouche.
NERON.
Je vous entends. Hé bien, gardes !
JUNIE.
Que faites-vous ?

C'est votre frère. Hélas! c'est un amant jaloux :
Seigneur, mille malheurs persécutent sa vie :
Ah! son bonheur peut-il exciter votre envie?
Souffrez que, de vos cœurs rapprochant les liens,
Je me cache à vos yeux et me dérobe aux siens.
Ma suite arrêtera vos discordes fatales;
Seigneur, j'irai remplir le nombre des vestales.
Ne lui disputez plus mes vœux infortunés ;
Souffrez que les dieux seuls en soient importunés.

NÉRON.

L'entreprise, madame, est étrange et soudaine.
Dans son appartement, gardes, qu'on la ramène.
Gardez Britannicus dans celui de sa sœur.

BRITANNICUS.

C'est ainsi que Néron sait disputer un cœur!

JUNIE.

Prince, sans l'irriter, cédons à cet orage.

NÉRON.

Gardes, obéissez sans tarder davantage.

SCENE IX.

NÉRON, BURRHUS.

BURRHUS.

Que vois-je! oh ciel!

NÉRON, *sans voir Burrhus.*

Ainsi leurs feux sont redoublés :
Je reconnais la main qui les a rassemblés.
Agrippine ne s'est présentée à ma vue,
Ne s'est dans ses discours si long-temps étendue,
Que pour faire jouer ce ressort odieux.
  (*apercevant Burrhus.*)
Qu'on sache si ma mère est encore en ces lieux.
Burrhus dans ce palais je veux qu'on la retienne,
Et qu'au lieu de sa garde on lui donne la mienne.

BURRHUS.

Quoi, seigneur! sans l'ouïr? une mère—.

TRAGÉDIE.

NERON.

Arrêtez.
J'ignore quel projet, Burrhus, vous méditez :
Mais, depuis quelques jours, tout ce que je désire
Trouve en vous un censeur prêt à me contredire.
Répondez-m'en, vous dis-je ; ou, sur votre refus,
D'autres me répondront et d'elle et de Burrhus.

Fin du troisième Acte.

ACTE IV,

SCENE PREMIERE.

AGRIPPINE, BURRHUS.

BURRHUS.

Oui, madame, à loisir vous pourrez vous défendre :
César lui-même ici consent de vous entendre.
Si son ordre au palais vous a fait retenir,
C'est peut-être à dessein de vous entretenir.
Quoi qu'il en soit, si j'ose expliquer ma pensée,
Ne vous souvenez plus qu'il vous ait offensée ;
Préparez-vous plutôt à lui tendre les bras :
Défendez-vous, madame, et ne l'accusez pas.
Vous voyez, c'est lui seul que la cour envisage.
Quoiqu'il soit votre fils, et même votre ouvrage,
Il est votre empereur : vous êtes comme nous,
Sujette à ce pouvoir qu'il a reçu de vous.
Selon qu'il vous menace, ou bien qu'il vous caresse,
La cour autour de vous ou s'écarte ou s'empresse.
C'est son appui qu'on cherche en cherchant votre appui.
Mais voici l'empereur.

AGRIPPINE.

Qu'on me laisse avec lui.

SCÈNE II.

NÉRON, AGRIPPINE.

AGRIPPINE, *s'asseyant.*

Approchez-vous, Néron, et prenez votre place ;
On veut sur vos soupçons que je vous satisfasse.
J'ignore de quel crime on a pu me noircir :
De tous ceux que j'ai faits je vais vous éclaircir.
  Vous régnez : vous savez combien votre naissance

Entre l'empire et vous avait mis de distance.
Les droits de mes aïeux, que Rome a consacrés
Etaient même sans moi d'inutiles degrés.
Quand de Britannicus la mère condamnée
Laissa de Claudius disputer l'hyménée,
Parmi tant de beautés qui briguèrent son choix,
Qui de ses affranchis mendièrent les voix,
Je souhaitai son lit, dans la seule pensée
De vous laisser au trône où je serais placée.
Je fléchis mon orgueil; j'allai prier Pallas,
Son maître, chaque jour caressé dans mes bras,
Prit insensiblement dans les yeux de sa nièce
L'amour où je voulais amener sa tendresse.
Mais ce lien du sang qui nous joignait tous deux
Ecartait Claudius d'un lit incestueux:
Il n'osait épouser la fille de son frère.
Le sénat fut séduit: une loi moins sévère
Mit Claude dans mon lit, et Rome à me genoux.
C'était beaucoup pour moi, ce n'était rien pour vous.
 Je vous fis sur mes pas entrer dans sa famille:
Je vous nommai son gendre, et vous donnai sa fille:
Silanus, qui l'aimait, s'en vit abandonné,
Et marqua de son sang ce jour infortuné.
Ce n'était rien encore. Eussiez-vous pu prétendre
Qu'un jour Claude à son fils dût préférer son gendre?
De ce même Pallas j'implorai le secours:
Claude vous adopta, vaincu par ses discours,
Vous appela Néron, et du pouvoir suprême
Voulut avant le temps vous faire part lui-même.
C'est alors que chacun, rappelant le passé,
Découvrit mon dessein déja trop avancé;
Que de Britannicus la disgrace future
Des amis de son père excita le murmure.
Mes promesses aux uns éblouirent les yeux;
L'exil me délivra des plus séditieux;
Claude même, lassé de ma plainte éternelle,
Eloigna de son fils tous ceux de qui le zèle,
Engagé dès long-temps à suivre son destin,
Pouvait du trône encor lui rouvrir le chemin.

Je fis plus : je choisis moi-même dans ma suite
Ceux à qui je voulais qu'on livrât sa conduite.
J'eus soin de vous nommer, par un contraire choix,
Des gouverneurs que Rome honorait de sa voix :
Je fus sourde à la brigue, et crus la renommée ;
J'appelai de l'exil, je tirai de l'armée,
Et ce même Sénèque, et ce même Burrhus,
Qui depuis... Rome alors estimait leurs vertus.
De Claude en même temps épuisant les richesses,
Ma main sous votre nom répandait ses largesses.
Les spectacles, les dons, invincibles appas,
Vous attiraient les cœurs du peuple et des soldats,
Qui d'ailleurs, reveillant leur tendresse première,
Favorisaient en vous Germanicus mon père.
 Cependant Claudius penchait vers son déclin.
Ses yeux long-temps fermés, s'ouvrirent à la fin :
Il connut son erreur. Occupé de sa crainte,
Il laissa pour son fils échapper quelque plainte,
Et voulut, mais trop tard, assembler ses amis :
Ses gardes, son palais, son lit m'étaient soumis.
Je lui laissai sans fruit consumer sa tendresse ;
De ses derniers soupirs je me rendis maîtresse :
Mes soins en apparence épargnant ses douleurs,
De son fils, en mourant lui cachèrent les pleurs.
Il mourut. Mille bruits en courent à ma honte.
J'arrêtai de sa mort la nouvelle trop prompte ;
Et tandis que Burrhus allait secrètement
De l'armée en vos mains exiger le serment,
Que vous marchiez au camp , conduit sous mes auspices,
Dans Rome les autels fumaient de sacrifices :
Par mes ordres trompeurs tout le peuple excité
Du prince déjà mort demandait la santé.
Enfin, des légions l'entière obéissance
Ayant de votre empire affermi la puissance,
On vit Claude ; et le peuple, étonné de son sort,
Apprit en même temps votre règne et sa mort.
 C'est le sincère aveu que je voulais vous faire :
Voilà tous mes forfaits. En voici le salaire ;

Du fruit de tant de soins à peine jouissant
En avez-vous six mois paru reconnaissant,
Que, lassé d'un respect qui vous gênait peut-être,
Vous avez affecté de ne me plus connaitre.
J'ai vu Burrhus, Sénèque, aigrissant vos soupçons
De l'infidélité vous tracer des leçons,
Ravis d'être vaincus dans leur propre science,
J'ai vu favorisés de votre confiance
Othon, Sénecion, jeunes voluptueux,
Et de tous vos plaisirs flatteurs respectueux.
Et lorsque, vos mépris excitant mes murmures,
Je vous ai demandé raison de tant d'injures
(Seul recours d'un ingrat qui se voit confondu),
Par de nouveaux affronts vous m'avez répondu.
Aujourd'hui je promets Junie à votre frère;
Ils se flattent tous deux du choix de votre mère;
Que faites-vous ? Junie enlevée à la cour
Devient en une nuit l'objet de votre amour :
Je vois de votre cœur Octavie effacée
Prête à sortir du lit où je l'avais placée :
Je vois Pallas banni, votre frère arrêté :
Vous attentez enfin jusqu'à ma liberté;
Burrhus ose sur moi porter ses mains hardies
Et lorsque, convaincu de tant de perfidies,
Vous deviez ne me voir que pour les expier,
C'est vous qui m'ordonnez de me justifier.

NÉRON.

Je me souviens toujours que je vous dois l'empire,
Et sans vous fatiguer du soin de le redire,
Votre bonté, madame, avec tranquillité
Pouvait se reposer sur ma fidélité.
Aussi-bien ces soupçons, ces plaintes assidues,
Ont fait croire à tous ceux qui les ont entendues
Que jadis, j'ose ici vous le dire entre nous,
Vous n'aviez sous mon nom travaillé que pour vous.
« Tant d'honneurs, disaient-ils, et tant de déférences
« Sont-ce de ses bienfaits de faibles récompenses?
« Quel crime a donc commis ce fils tant condamné ?
« Est-ce pour obéir qu'elle l'a couronné?

« N'est-il de son pouvoir que le dépositaire ? »
Non que, si jusque-là j'avais pu vous complaire,
Je n'eusse pris plaisir, madame, à vous céder
Ce pouvoir que vos cris semblaient redemander :
Mais Rome veut un maître, et non une maîtresse.
Vous entendiez les bruits qu'excitait ma faiblesse :
Le sénat chaque jour et le peuple, irrités
De s'ouïr par ma voix dicter vos volontés,
Publiaient qu'en mourant Claude avec sa puissance
M'avait encor laissé sa simple obéissance.
Vous avez vu cent fois nos soldats en courroux
Porter en murmurant leurs aigles devant vous ;
Honteux de rabaisser par cet indigne usage
Les héros dont encore elles portent l'image.
Toute autre se serait rendue à leurs discours :
Mais, si vous ne régnez, vous vous plaignez toujours.
Avec Britannicus contre moi réunie,
Vous le fortifiez du parti de Junie ;
Et la main de Pallas trame tous ces complots.
Et, lorsque malgré moi j'assure mon repos,
On vous voit de colère et de haine animée :
Vous voulez présenter mon rival à l'armée ;
Déjà jusques au camp le bruit en a couru.

AGRIPPINE.

Moi ! le faire empereur ! Ingrat ! l'avez-vous cru ?
Quel serait mon dessein ? qu'aurai-je pu prétendre ?
Quels honneurs dans sa cour, quel rang pourrais-
  je attendre.
Ah ! si sous votre empire on ne m'épargne pas,
Si mes accusateurs observent tous mes pas,
Si de leur empereur ils poursuivent la mère,
Que ferais-je au milieu d'une cour étrangère ?
Ils me reprocheraient, non des cris impuissans,
Des desseins étouffés aussitôt que naissans,
Mais des crimes pour vous commis à votre vue,
Et dont je ne serais que trop tôt convaincue.
Vous ne me trompez point, je vois tous vos détours,
Vous êtes un ingrat, vous le fûtes toujours :
Dès vos plus jeunes ans mes soins et mes tendresses

N'ont arraché de vous que de feintes caresses.
Rien ne vous a pu vaincre ; et votre dureté
Aurait dû dans son cœur arrêter ma bonté.
Que je suis malheureuse ! Et par quelle infortune
Faut-il que tous mes soins me rendent importune !
Je n'ai qu'un fils : ô ciel, qui m'entends aujourd'hui,
T'ai-je fait quelques vœux qui ne fussent pour lui ?
Remords, crainte, périls, rien ne m'a retenue.
J'ai vaincu ses mépris ; j'ai détourné ma vue
Des malheurs qui dès-lors me furent annoncés ;
J'ai fait ce que j'ai pu : vous régnez, c'est assez.
Avec ma liberté, que vous m'avez ravie,
Si vous le souhaitez, prenez encor ma vie,
Pourvu que par ma mort tout le peuple irrité
Ne vous ravisse pas ce qui m'a tant coûté.

NÉRON.
Hé bien donc, prononcez. Que voulez-vous qu'on fasse ?

AGRIPPINE.
De mes accusateurs qu'on punisse l'audace ;
Que de Britannicus on calme le courroux ;
Que Junie à son choix puisse prendre un époux ;
Qu'ils soient libres tous deux, et que Pallas demeure ;
Que vous me permettiez de vous voir à toute heure ;
 (apercevant Burrhus dans le fond du théâtre.)
Que ce même Burrhus, qui nous vient écouter,
A votre porte enfin n'ose plus m'arrêter.

NÉRON.
Oui, madame, je veux que ma reconnaissance
Désormais dans les cœurs grave votre puissance ;
Et je bénis déjà cette heureuse froideur
Qui de notre amitié va rallumer l'ardeur.
Quoi que Pallas ait fait, il suffit, je l'oublie :
Avec Britannicus je me reconcilie ;
Et, quant à cet amour qui nous a séparés,
Je vous fais notre arbitre, et vous nous jugerez.
Allez donc, et portez cette joie à mon frère.
Gardes, qu'on obéisse aux ordres de ma mère.

SCENE III.

NÉRON, BURRHUS.

BURRHUS.

Que cette paix, seigneur, et ces embrassemens
Vont offrir à mes yeux de spectacles charmans !
Vous sevez si jamais ma voix lui fut contraire,
Si de son amitié j'ai voulu vous distraire,
Et si j'ai mérité cet injuste courroux.

NÉRON.

Je ne vous flatte point, je me plaignais de vous,
Burrhus ; je vous ai cru tous deux d'intelligence :
Mais son inimitié vous rend ma confiance.
Elle se hâte trop, Burrhus, de triompher :
J'embrasse mon rival, mais c'est pour l'étouffer.

BURRHUS.

Quoi, seigneur !

NERON.

C'en est trop ; il faut que sa ruine
Me délivre à jamais des fureurs d'Agrippine :
Tant qu'il respirera, je ne vis qu'à demi.
Elle m'a fatigué de ce nom d'ennemi ;
Et je ne prétends pas que sa coupable audace
Une seconde fois lui promette ma place.

BURRHUS.

Elle va donc bientôt pleurer Britannicus ?

NERON.

Avant la fin du jour je ne le craindrai plus.

BURRHUS.

Et qui de ce dessein vous inspire l'envie?

NERRON.

Ma gloire, mon amour, ma sureté, ma vie.

BURRHUS.

Non, quoi que vous disiez ; cet horrible dessein
Ne fut jamais, seigneur, conçu dans votre sein.

NERON.

Burrhus !

BURRHUS.
De votre bouche, oh ciel ! puis-je l'apprendre ?
Vous-même sans frémir avez-vous pu l'entendre ?
Songez-vous dans quel sang vous allez vous baigner ?
Néron dans tous les cœurs est-il las de régner ?
Que dira-t-on de vous ? Quelle est votre pensée ?
NERON.
Quoi ! toujours enchaîné de ma gloire passée,
J'aurai devant les yeux je ne sais quel amour
Que le hasard nous donne et nous ôte en un jour ?
Soumis à tous leurs vœux, à mes désirs contraire,
Suis-je leur empereur seulement pour leur plaire ?
BURRHUS.
Et ne suffit-il pas, seigneur, à vos souhaits
Que le bonheur public soit un de vos bienfaits ?
C'est à vous à choisir, vous êtes encor maître.
Vertueux jusqu'ici, vous pouvez toujours l'être :
Le chemin est tracé, rien ne vous retient plus ;
Vous n'avez qu'à marcher de vertus en vertus.
Mais si de vos flatteurs vous suivez la maxime,
Il vous faudra, seigneur, courir de crime en crime
Soutenir vos rigueurs par d'autres cruautés,
Et laver dans le sang vos bras ensanglantés.
Britannicus mourant excitera le zèle
De ses amis, tout prêts à prendre sa querelle.
Ces vengeurs trouveront de nouveaux défenseurs,
Qui, même après leur mort, auront des successeurs :
Vous allumez un feu qui ne pourra s'éteindre.
Craint de tout l'univers, il vous faudra tout craindre,
Toujours punir, toujours trembler dans vos projets,
Et pour vos ennemis compter tous vos sujets.
Ah ! de vos premiers ans l'heureuse expérience
Vous fait-elle, seigneur, haïr votre innocence ?
Songez-vous au bonheur qui les a signalés ?
Dans quel repos, oh ciel ! les avez-vous coulés ?
Quel plaisir de penser et de dire en vous-même :
« Par-tout en ce moment, on me bénit, on m'aime ;
« On ne voit point le peuple à mon nom s'alarmer;

« Le ciel dans tous leurs pleurs ne m'entend point
    nommer ;
« Leur sombre inimitié ne fuit point mon visage ;
« Je vois voler par-tout les cœurs à mon passage ! »
Tels étaient vos plaisirs. Quel changement, oh dieux !
Le sang le plus abject vous était précieux.
Un jour, il m'en souvient, le sénat équitable
Vous pressait de souscrire à la mort d'un coupable ;
Vous résistiez, seigneur, à leur sévérité ;
Votre cœur s'accusait de trop de cruauté ;
Et, plaignant les malheurs attachés à l'empire,
Je voudrais, disiez-vous, ne savoir pas écrire.
Non, ou vous me croirez, ou bien de ce malheur
Ma mort m'épargnera la vue et la douleur :
On ne me verra point survivre à votre gloire.
Si vous allez commettre une action si noire,
            (*se jetant aux pieds de Néron.*)
Me voilà prêt, seigneur, avant que de partir,
Faites percer ce cœur qui n'y peut consentir :
Appelez les cruels qui vous l'ont inspirée ;
Qu'ils viennent essayer leur main mal assurée....
Mais je vois que mes pleurs touchent mon empereur :
Je vois que sa vertu frémit de leur fureur.
Ne perdez point de temps, nommez-moi les perfides
Qui vous osent donner ces conseils parricides ;
Appelez votre frère, oubliez dans ses bras....

NERON.

Ah ! que demandez-vous ?

BURRHUS.

                Non, il ne vous hait pas,
Seigneur ; on le trahit : je sais son innocence ;
Je vous réponds pour lui de son obéissance.
J'y cours. Je vais presser un entretien si doux.

NERON.

Dans mon appartement qu'il m'attende avec vous.

TRAGÉDIE.
SCÈNE VI.
NÉRON, NARCISSE.
NARCISSE.
Seigneur, j'ai tout prévu pour une mort si juste ;
Le poison est tout prêt. La fameuse Locuste
A redoublé pour moi ses soins officieux :
Elle a fait expirer un esclave à mes yeux ;
Et le fer est moins prompt pour trancher une vie,
Que le nouveau poison que sa main me confie.
NÉRON.
Narcisse, c'est assez : je reconnais ce soin,
Et ne souhaite pas que vous alliez plus loin.
NARCISSE.
Quoi ! pour Britannicus votre haine affaiblie
Me défend...
NÉRON.
Oui, Narcisse ; on nous reconcilie.
NARCISSE.
Je me garderai bien de vous en détourner,
Seigneur. Mais il s'est vu tantôt emprisonner :
Cette offense en son cœur sera long-temps nouvelle.
Il n'est point de secrets que le temps ne révèle :
Il saura que ma main lui devait présenter
Un poison que votre ordre avait fait apprêter.
Les dieux de ce dessein puissent-ils le distraire ?
Mais peut-être il fera ce que vous n'osez faire.
NÉRON.
On répond de son cœur, et je vaincrai le mien.
NARCISSE.
Et l'hymen de Junie en est-il le lien ?
Seigneur, lui faites-vous encor ce sacrifice ?
NÉRON.
C'est prendre trop de soins. Quoi qu'il en soit, Narcisse
Je ne le compte plus parmi mes ennemis.
NARCISSE.
Agrippine, seigneur, se l'était bien promis :

Elle a repris sur vous son souverain empire.
NERON.
Quoi donc ? Qu'a-t-elle dit ? Et que voulez-vous dire ?
NARCISSE.
Elle s'en est vantée assez publiquement.
NERON.
De quoi ?
NARCISSE.
Qu'elle n'avait qu'à vous voir un moment ;
Qu'à tout ce grand éclat, à ce courroux funeste,
On verrait succéder un silence modeste ;
Que vous-même à la paix souscririez le premier :
Heureux que sa bonté daignât tout oublier.
NERON.
Mais, Narcisse, dis-moi, que veux-tu que je fasse ?
Je n'ai que trop de pente à punir son audace ;
Et, si je m'en croyais, ce triomphe indiscret
Serait bientôt suivi d'un éternel regret.
Mais de tout l'univers quel sera le langage ?
Sur les pas des tyrans veux-tu que je m'engage,
Et que Rome, effaçant tant de titres d'honneur,
Me laisse pour tous noms celui d'empoisonneur ?
Ils mettront ma vengeance au rang des parricides.
NARCISSE.
Et, prenez-vous, seigneur, leurs caprices pour guides ?
Avez-vous prétendu qu'ils se tairaient toujours ?
Est-ce à vous de prêter l'oreille à leurs discours ?
De vos propres désirs perdez-vous la mémoire ?
Et serez-vous le seul que vous n'oserez croire ?
Mais, seigneur, les Romains ne vous sont pas connus ;
Non, non : dans leurs discours ils sont plus retenus.
Tant de précaution affaiblit votre règne :
Il croiront, en effet, mériter qu'on les craigne.
Au joug, depuis long-temps ils se sont façonnés ;
Ils adorent la main qui les tient enchaînés.
Vous les verrez toujours ardens à vous complaire ;

TRAGÉDIE.

Leur prompte servitude a fatigué Tibère.
Moi-même, revêtu d'un pouvoir emprunté
Que je reçus de Claude avec la liberté,
J'ai cent fois, dans le cours de ma gloire passée,
Tenté leur patience, et ne l'ai point lassée.
D'un empoisonnement vous craignez la noirceur ?
Faites périr le frère, abandonnez la sœur :
Rome sur les autels prodiguant les victimes,
Fussent-ils innocens, leur trouvera des crimes ;
Vous verrez mettre au rang des jours infortunés
Ceux où jadis la sœur et le frère sont nés.

NÉRON.

Narcisse ; encore un coup, je ne puis l'entreprendre
J'ai promis à Burrhus, il a fallu me rendre.
Je ne veux point encore, en lui manquant de foi,
Donner à sa vertu des armes contre moi.
J'oppose à ses raisons un courage inutile ;
Je ne l'écoute point avec un cœur tranquille.

NARCISSE.

Burrhus ne pense pas, seigneur, tout ce qu'il dit :
Son adroite vertu ménage son crédit.
Ou plutôt ils n'ont tous qu'une même pensée :
Ils verraient par ce coup leur puissance abaissée :
Vous seriez libre alors, seigneur ; et, devant vous,
Ces maîtres orgueilleux fléchiraient comme nous.
Quoi donc ! ignorez-vous tout ce qu'ils osent dire ?
» Néron s'ils en sont crus, n'est point né pour l'empire.
» Il ne dit, il ne fait que ce qu'on lui prescrit :
» Burrhus conduit son cœur, Sénèque son esprit.
» Pour toute ambition, pour vertu singulière,
» Il excelle à conduire un char dans la carrière ;
» A disputer des prix indignes de ses mains ;
» A se donner lui-même en spectacle aux Romains ;
» A venir prodiguer sa voix sur un théâtre ;
» A reciter des chants qu'il veut qu'on idolâtre ;
» Tandis que des soldats, de momens en momens,

» Vont arracher pour lui les applaudissemens. »
Ah ! ne voulez-vous pas les forcer à se taire ?

NÉRON.

Viens, Narcisse : allons voir ce que nous devons faire.

Fin du quatrième Acte.

ACTE V.

SCÈNE PREMIÈRE.

BRITANNICUS, JUNIE.

BRITANNICUS.

Oui, madame, Néron, qui l'aurait pu penser
Dans son appartement m'attend pour m'embrasser.
Il y fait de sa cour inviter la jeunesse :
Il veut que d'un festin la pompe et l'allégresse
Confirment à leurs yeux la foi de nos sermens,
Et rechauffent l'ardeur de nos embrassemens.
Il éteint cet amour source de tant de haine ;
Il vous fait de mon sort arbitre souveraine.
Pour moi, quoique banni du rang de mes aïeux,
Quoique de leur dépouille il se pare à mes yeux,
Depuis qu'à mon amour cessant d'être contraire
Il semble me céder la gloire de vous plaire,
Mon cœur, je l'avouerai, lui pardonne en secret,
Et lui laisse le reste avec moins de regret.
Quoi ! je ne serai plus séparé de vos charmes !
Quoi ! même en ce moment, je puis voir sans alarmes
Ces yeux que n'ont émus ni soupirs ni terreur,
Qui m'ont sacrifié l'empire et l'empereur !
Ah, Madame !... Mais quoi ! quelle nouvelle crainte
Tient parmi mes transports votre joie en contrainte ?
D'où vient qu'en m'écoutant, vos yeux, vos tristes yeux,
Avec des longs regards se tournent vers les cieux ?
Qu'est-ce que vous craignez ?

JUNIE.

Je l'ignore moi-même ;
Mais je crains.

BRITANNICUS,

BRITANNICUS.
Vous m'aimez ?
JUNIE.
Hélas ! si je vous aime !
BRITANNICUS.
Néron ne trouble plus notre félicité.
JUNIE.
Mais me répondez-vous de sa sincérité ?
BRITANNICUS.
Quoi ! vous le soupçonnez d'une haine couverte ?
JUNIE.
Néron m'aimait tantôt, il jurait votre perte ;
Il me fuit, il vous cherche : un si grand changement
Peut-il être, seigneur, l'ouvrage d'un moment ?
BRITANNICUS.
Cet ouvrage, madame, est un coup d'Agrippine :
Elle a cru que ma perte entraînait sa ruine.
Grace aux préventions de son esprit jaloux,
Nos plus grands ennemis ont combattu pour nous.
Je m'en fie aux transports qu'elle m'a fait paraître ;
Je m'en fie à Burrhus : j'en crois même son maître ;
Je crois qu'à mon exemple, impuissant à trahir,
Il hait à cœur ouvert, ou cesse de haïr.
JUNIE.
Seigneur, ne jugez pas de son cœur par le vôtre ;
Sur des pas différens vous marchez l'un et l'autre.
Je ne connais Néron et la cour que d'un jour :
Mais, si je l'ose dire, hélas ! dans cette cour
Combien tout ce qu'on dit est loin de ce qu'on pense !
Que la bouche et le cœur sont peu d'intelligence !
Avec combien de joie on y trahit sa foi !
Quel séjour étranger et pour vous et pour moi !
BRITANNICUS.
Mais que son amitié soit véritable ou feinte,
Si vous craignez Néron, lui-même est-il sans
 crainte ?
Non, non, il n'ira point par un lâche attentat,
Soulever contre lui le peuple et le sénat.
Que dis-je il reconnaît sa dernière injustice ;

Ses

TRAGÉDIE.

Ses remords ont paru, même aux yeux de Narcisse.
Ah! s'il vous avait dit, ma princesse, à quel point...

JUNIE.

Mais Narcisse, seigneur, ne vous trahit-il point?

BRITANNICUS.

Et pourquoi voulez-vous que mon cœur s'en défie?

JUNIE.

Et que sais-je? il y va, seigneur, de votre vie:
Tout m'est suspect: je crains que tout ne soit séduit:
Je crains Néron; je crains le malheur qui me suit.
D'un noir pressentiment malgré moi prévenue,
Je vous laisse à regret éloigner de ma vue.
Hélas! si cette paix dont vous vous repaissez
Couvrait contre vos jours quelques pièges dressés,
Si, Néron, irrité de notre intelligence,
Avait choisi la nuit pour cacher sa vengeance;
S'il préparait ses coups tandis que je vous vois;
Et si je vous parlais pour la dernière fois!
Ah, prince!

BRITANNICUS.

Vous pleurez! ah, ma chère princesse!
Et pour moi jusque-là votre cœur s'intéresse!
Quoi, madame! en un jour où plein de sa grandeur
Néron croit éblouir vos yeux de sa splendeur,
Dans des lieux où chacun me fuit et le révère,
Aux pompes de sa cour préférer ma misère!
Quoi! dans ce même jour et dans ces mêmes lieux,
Refuser un empire, et pleurer à mes yeux!
Mais, madame, arrêtez ces précieuses larmes;
Mon retour va bientôt dissiper vos alarmes.
Je me rendrais suspect par un plus long séjour:
Adieu. Je vais, le cœur tout plein de mon amour,
Au milieu des transports d'une aveugle jeunesse,
Ne voir, n'entretenir que ma belle princesse.
Adieu.

JUNIE.

Prince....

Tome II.

BRITANNICUS,

BRITANNICUS.
On m'attend, madame, il faut partir.
JUNIE.
Mais du moins attendez qu'on vous vienne avertir.

SCÈNE II.

AGRIPPINE, BRITANNICUS, JUNIE.

AGRIPPINE.

Prince, que tardez-vous ? Partez en diligence.
Néron impatient se plaint de votre absence.
La joie et le plaisir de tous les conviés
Attend, pour éclater, que vous vous embrassiez.
Ne faites point languir une si juste envie ;
Allez. Et nous, madame, allons chez Octavie.
BRITANNICUS.
Allez, belle Junie, et, d'un esprit content,
Hâtez-vous d'embrasser ma sœur qui vous attend.
Dès que je le pourrai, je reviens sur vos traces,
Madame, et de vos soins j'irai vous rendre graces.

SCÈNE III.

AGRIPPINE, JUNIE.

AGRIPPINE.

Madame, ou je me trompe, ou durant vos adieux
Quelques pleurs répandus ont obscurci vos yeux.
Puis-je savoir quel trouble a formé ce nuage ?
Doutez-vous d'une paix dont je fais mon ouvrage ?
JUNIE.
Après tous les ennuis que ce jour m'a coûtés,
Ai-je pu rassurer mes esprits agités ?
Hélas, à peine encor je conçois ce miracle.
Quand même à vos bontés, je craindrais quelque obstacle,
Le changement, madame, est commun à la cour,
Et toujours quelque crainte accompagne l'amour.

AGRIPPINE.

Il suffit, j'ai parlé, tout a changé de face :
Mes soins à vos soupçons ne laissent point de place.
Je réponds d'une paix jurée entre mes mains ;
Néron m'en a donné des gages trop certains.
Ah ! si vous aviez vu par combien de caresses
Il m'a renouvelé la foi de ses promesses !
Par quels embrassemens il vient de m'arrêter !
Ses bras dans nos adieux ne pouvaient me quitter.
Sa facile bonté, sur son front répandue,
Jusqu'aux moindres secrets est d'abord descendue.
Il s'épanchait en fils qui vient en liberté
Dans le sein de sa mère oublier sa fierté.
Mais bientôt reprenant un visage sévère,
Tel que d'un empereur qui consulte sa mère,
Sa confidence auguste a mis entre mes mains
Des secrets d'où dépend le destin des humains.
Non, il le faut ici confesser à sa gloire,
Son cœur n'enferme point une malice noire ;
Et nos seuls ennemis, altérant sa bonté,
Abusaient contre nous de sa facilité.
Mais enfin à son tour leur puissance décline ;
Rome encore une fois va connaître Agrippine :
Déjà de ma faveur on adore le bruit.
Cependant en ces lieux n'attendons pas la nuit :
Passons chez Octavie, et donnons-lui le reste
D'un jour autant heureux que je l'ai cru funeste.
Mais qu'est-ce que j'entends ? quel tumulte confus ?
Que peut-on faire ?

JUNIE.
        O ciel, sauvez Britannicus !

SCENE IV.

AGIPPINE, JUNIE, BURRHUS.

AGRIPPINE.

Burrhus, où courez-vous ! arrêtez. Que veut dire...

BURRHUS.

Madame, c'en est fait, Britannicus expire.

JUNIE.

Ah, mon prince!

AGRIPPINE.

Il expire?

BURRHUS.

Ou plutôt il est mort, Madame.

JUNIE.

Pardonnez, madame, à ce transport.
Je vais le secourir, si je puis, ou le suivre.

SCENE V.

AGRIPPINE, BURRHUS.

AGRIPPINE.

Quel attentat, Burrhus!

BURRHUS.

Je n'y pourrai survivre,
Madame; il faut quitter la cour et l'empereur.

AGRIPPINE.

Quoi! du sang de son frère il n'a point eu d'horreur!

BURRHUS.

Ce dessein s'est conduit avec plus de mystère.
A peine l'empereur a vu venir son frère,
Il se lève, il l'embrasse, on se tait; et soudain
César prend le premier une coupe à la main:
« Pour achever ce jour sous de meilleurs auspices,
« Ma main de cette coupe épanche les prémices,
« Dit-il: Dieux, que j'appelle à cette effusion,
« Venez favoriser notre réunion. »
Par les mêmes sermens Britannicus se lie.
La coupe dans ses mains par Narcisse est remplie:
Mais ses lèvres à peine en ont touché les bords,
Le fer ne produit point de si puissans efforts,
Madame, la lumière à ses yeux est ravie,
Il tombe sur son lit sans chaleur et sans vie.
Jugez combien ce coup frappa tous les esprits:

TRAGÉDIE.

La moitié s'épouvante, et sort avec des cris ;
Mais ceux qui de la cour ont un plus long usage
Sur les yeux de César composent leur visage.
Cependant sur son lit il demeure penché,
D'aucun étonnement il ne paraît touché :
« Ce mal dont vous craignez, dit-il, la violence
« A souvent sans péril attaqué son enfance. »
Narcisse veut en vain affecter quelque ennui,
Et sa perfide joie éclate malgré lui.
Pour moi, dût l'empereur punir ma hardiesse,
D'une odieuse cour j'ai traversé la presse ;
Et j'allais, accablé de cet assassinat,
Pleurer Britannicus, César, et tout l'état.

AGRIPPINE.

Le voici. Vous verrez si c'est moi qui l'inspire.

SCÈNE VI.

AGRIPPINE, NÉRON, BURRHUS, NARCISSE.

NÉRON, *voyant Agrippine.*

Dieux !

AGRIPPINE.

Arrêtez, Néron ; j'ai deux mots à vous dire.
Britannicus est mort : je reconnais les coups ;
Je connais l'assassin.

NÉRON.

Et qui, madame ?

AGRIPPINE.

Vous.

NÉRON.

Moi ! voilà les soupçons dont vous êtes capable.
Il n'est point de malheur dont je ne sois coupable ;
Et si l'on veut, madame, écouter vos discours,
Ma main de Claude même aura tranché les jours.
Son fils vous était cher, sa mort peut vous confondre ;

Mais des coups du destin je ne puis pas répondre.
AGRIPPINE.
Non, non; Britannicus est mort empoisonné :
Narcisse a fait le coup ; vous l'avez ordonné.
NÉRON.
Madame !... Mais qui peut vous tenir ce langage ?
NARCISSE.
Hé, seigneur ! ce soupçon vous fait-il tant d'outrage ?
Britannicus, madame, eut des desseins secrets
Qui vous auraient coûté de plus justes regrets :
Il aspirait plus loin qu'à l'hymen de Junie ;
De vos propres bontés il vous aurait punie.
Il vous trompait vous-même, et son cœur offensé
Prétendait tôt ou tard rappeler le passé.
Soit donc que malgré vous le sort vous ait servie ;
Soit qu'instruit des complots qui menaçaient sa vie
Sur ma fidélité César s'en soit remis,
Laissez les pleurs, madame, à vos seuls ennemis ;
Qu'ils mettent ce malheur au rang des plus sinistres :
Mais vous...
AGRIPPINE.
Poursuis, Néron, avec de tels ministres,
Par des faits glorieux tu te vas signaler ;
Poursuis. Tu n'as pas fait ce pas pour reculer :
Ta main a commencé par le sang de ton frère ;
Je prévois que tes coups viendront jusqu'à ta mère :
Dans le fond de ton cœur je sais que tu me hais ;
Tu voudra t'affranchir du joug de mes bienfaits.
Mais je veux que ma mort te soit même inutile :
Ne crois pas qu'en mourant je te laisse tranquille ;
Rome, ce ciel, ce jour que tu reçus de moi,
Par-tout, à tout moment, m'offriront devant toi.
Tes remords te suivront comme autant de furies :
Tu croiras les calmer par d'autres barbaries ;
Ta fureur, s'irritant soi-même dans son cours,
D'un sang toujours nouveau marquera tous tes jours

Mais j'espère qu'enfin le ciel, las de tes crimes,
Ajoutera ta perte à tant d'autres victimes;
Qu'après t'être couvert de leur sang et du mien
Tu te verras forcé de répandre le tien;
Et ton nom paraîtra dans la race future,
Aux plus cruels tyrans une cruelle injure.
Voilà ce que mon cœur se présage de toi.
Adieu: tu peux sortir.

NÉRON.

Narcisse, suivez-moi.

SCÈNE VII.

AGRIPPINE, BURRHUS.

AGRIPPINE.

Ah ciel! de mes soupçons quelle était l'injustice:
Je condamnais Burrhus pour écouter Narcisse!
Burrhus, avez-vous vu quels regards furieux
Néron en me quittant m'a laissés pour adieux?
C'en est fait, le cruel n'a plus rien qui l'arrête;
Le coup qu'on m'a prédit va tomber sur ma tête.
Il vous accablera vous-même à votre tour.

BURRHUS.

Ah, madame! pour moi j'ai vécu trop d'un jour.
Plût au ciel que sa main, heureusement cruelle,
Eût fait sur moi l'essai de sa fureur nouvelle!
Qu'il ne m'eût pas donné, par ce triste attentat,
Un gage trop certain des malheurs de l'état!
Son crime seul n'est pas ce qui me désespère;
Sa jalousie a pu l'armer contre son frère:
Mais, s'il vous faut, madame, expliquer ma douleur,
Néron l'a vu mourir sans changer de couleur.
Ses yeux indifférens ont déjà la constance
D'un tyran dans le crime endurci dès l'enfance,
Qu'il achève, madame, et qu'il fasse périr
Un ministre importun qui ne le peut souffrir.

Hélas! loin de vouloir éviter sa colère,
La plus soudaine mort me sera la plus chère.

SCENE VIII.

AGRIPPINE, BURRHUS, ALBINE.

ALBINE.

Ah, madame! ah, seigneur! courez vers l'empe-
 reur,
Venez sauver César de sa propre fureur;
Il se voit pour jamais séparé de Junie.

AGRIPPINE.

Quoi! Junie elle-même a terminé sa vie?

ALBINE.

Pour accabler César d'un éternel ennui,
Madame, sans mourir elle est morte pour lui.
Vous savez de ces lieux comme elle s'est ravie :
Elle a feint de passer chez la triste Octavie ;
Mais bientôt elle a pris des chemins écartés,
Où mes yeux ont suivi ses pas précipités.
Des portes du palais elle sort éperdue.
D'abord elle a d'Auguste aperçu la statue ;
Et mouillant de ses pleurs le marbre de ses pieds
Que de ses bras pressans elle tenait liés :
« Prince, par ces genoux, dit-elle, que j'em-
 brasse,
« Protège en ce moment le reste de ta race :
« Rome dans ton palais, vient de voir immoler
« Le seul de tes neveux qui te pût ressembler.
« On veut après sa mort que je lui sois parjure.
« Mais pour lui conserver une foi toujours pure,
« Prince, je me dévoue à ces dieux immortels
« Dont ta vertu t'a fait partager les autels. »
Le peuple cependant, que ce spectacle étonne,
Vole de toutes parts, se presse, l'environne,
S'attendrit à ses pleurs, et, plaignant son ennui,
D'une commune voix la prend sous son appui.
Ils la mènent au temple, où depuis tant d'années

Au culte des autels nos vierges destinées
Gardent fidèlement le dépôt précieux
Du feux toujours ardent qui brûle pour nos dieux
César les voit partir sans oser les distraire.
Narcisse, plus hardi, s'empresse pour lui plaire ;
Il vole vers Junie, et, sans s'épouvanter,
D'une profane main commence à l'arrêter.
De mille coups mortels son audace est punie ;
Son infidèle sang réjaillit sur Junie.
César, de tant d'objets en même temps frappé,
Le laisse entre les mains qui l'ont enveloppé.
Il rentre. Chacun fuit son silence farouche :
Le seul nom de Junie échappe de sa bouche.
Il marche sans dessein, ses yeux mal assurés
N'osent lever au ciel leurs regards égarés :
Et l'on craint, si la nuit jointe à la solitude
Vient de son désespoir aigrir l'inquiétude,
Si vous l'abandonnez plus long-temps sans secours,
Que sa douleur bientôt n'attente sur ses jours.
Le temps presse : courez. Il ne faut qu'un caprice ;
Il se perdrait, madame.

AGRIPPINE.
    Il se ferait justice.
Mais, Burrhus, allons voir jusqu'où vont ses transports :
Voyons quel changement produiront ses remords ;
S'il voudra désormais suivre d'autres maximes.

BURRHUS.
Plût aux dieux que ce fut le dernier de ses crimes !

FIN DE BRITANNICUS.

BÉRÉNICE,
TRAGÉDIE.
1670

PERSONNAGES.

TITUS, empereur de Rome.
BÉRÉNICE, reine de Palestine.
ANTIOCHUS, roi de Comagène.
PAULIN, confident de Titus.
ARSACE, Confident d'Antiochus.
PHÉNICE, confidente de Bérénice.
BUTILE, Romain.
Suite de Titus.

La scène est à Rome, dans un cabinet qui est entre l'appartement de Titus et celui de Bérénice.

BÉRÉNICE,
TRAGÉDIE.

ACTE PREMIER.

SCÈNE PREMIÈRE.

ANTIOCHUS, ARSACE.

ANTIOCHUS.

Arrêtons un moment : la pompe de ces lieux,
Je le vois bien, Arsace, est nouvelle à tes yeux.
Souvent ce cabinet, superbe et solitaire,
Des secrets de Titus est le dépositaire :
C'est ici quelquefois qu'il se cache à sa cour,
Lorsqu'il vient à la reine expliquer son amour.
De son appartement cette porte est prochaine,
Et cette autre conduit dans celui de la reine.
Va chez elle : dis-lui qu'importun à regret
J'ose lui demander un entretien secret.

ARSACE.

Vous, seigneur, importun ? vous, cet ami fidèle
Qu'un soin si généreux intéresse pour elle ?
Vous, cet Antiochus son amant autrefois ?
Vous que l'Orient compte entre ses plus grands rois ?
Quoi ! déjà de Titus épouse en espérance,
Ce rang entre elle et vous met-il tant de distance ?

ANTIOCHUS.

Va, dis-je ; et, sans vouloir te charger d'autre soins,
Vois si je puis bientôt lui parler sans témoins.

Tome II.   E

BÉRÉNICE,

SCÈNE II.

ANTIOCHUS.

Hé bien ! Antiochus, es-tu toujours le même ?
Pourrai-je, sans trembler, lui dire, Je vous aime ?
Mais quoi ! déjà je tremble ; et mon cœur agité
Craint autant ce moment que je l'ai souhaité.
Bérénice autrefois m'ôta toute espérance ;
Elle m'imposa même un éternel silence.
Je me suis tu cinq ans ; et, jusques à ce jour,
D'un voile d'amitié j'ai couvert mon amour.
Dois-je croire qu'au rang où Titus la destine
Elle m'écoute mieux que dans la Palestine ?
Il l'épouse. Ai-je donc attendu ce moment
Pour me venir encor déclarer son amant ?
Quel fruit me reviendra d'un aveu téméraire ?
Ah ! puisqu'il faut partir, partons sans lui déplaire.
Retirons-nous, sortons, et, sans nous découvrir,
Allons loin de ses yeux l'oublier, ou mourir.
Hé quoi ! souffrir toujours un tourment qu'elle ignore !
Toujours verser des pleurs qu'il faut que je dévore !
Quoi ! même en la perdant redouter son courroux !
Belle reine, et pourquoi vous offenseriez-vous ?
Viens-je vous demander que vous quittiez l'empire ?
Que vous m'aimiez ? Hélas ! je ne viens que vous dire
Qu'après m'être long-temps flatté que mon rival
Trouverait à ses vœux quelque obstacle fatal,
Aujourd'hui qu'il peut tout, que votre hymen s'avance,
Exemple infortuné d'une longue constance,
Après cinq ans d'amour et d'espoir superflus,
Je pars, fidèle encor quand je n'espère plus.
Au lieu de s'offenser, elle pourra me plaindre.
Quoi qu'il en soit, parlons ; c'est assez nous contraindre.

Et que peut craindre, hélas ! un amant sans espoir
Qui peut bien se résoudre à ne la jamais voir.

SCENE III.

ANTIOCHUS, ARSACE.

ANTIOCHUS.

Arsace, entrerons-nous ?
ARSACE.
Seigneur, j'ai vu la reine,
Mais pour me faire voir je n'ai percé qu'à peine
Les flots toujours nouveaux d'un peuple adorateur
Qu'attire sur ses pas sa prochaine grandeur.
Titus, après huit jours d'une retraite austère,
Cesse enfin de pleurer Vespasien son père :
Cet amant se redonne aux soins de son amour ;
Et, si j'en crois, seigneur, l'entretien de la cour,
Peut-être avant la nuit l'heureuse Bérénice
Change le nom de reine au nom d'impératrice.

ANTIOCHUS.

Hélas !
ARSACE.
Quoi ! ce discours pourrait-il vous troubler ?
ANTIOCHUS.
Ainsi donc sans témoins je ne lui puis parler ?
ARSACE.
Vous la verrez, seigneur : Bérénice est instruite
Que vous voulez ici la voir seule et sans suite.
La reine d'un regard a daigné m'avertir
Qu'à votre empressement elle allait consentir ;
Et sans doute elle attend le moment favorable
Pour disparaître aux yeux d'une cour qui l'accable.

ANTIOCHUS.

Il suffit. Cependant n'as-tu rien négligé
Des ordres importans dont je t'avais chargé ?

ARSACE.

Seigneur, vous connaissez ma prompte obéissance.
Des vaisseaux dans Ostie armés en diligence,

Prêts à quitter le port de momens en momens,
N'attendent pour partir que vos commandemens.
Mais qui renvoyez-vous dans votre Comagène ?
####### ANTIOCHUS.
Arsace, il faut partir quand j'aurai vu la reine.
####### ARSACE.
Qui doit partir ?
####### ANTIOCHUS.
  Moi
####### ARSACE.
  Vous ?
####### ANTIOCHUS.
     En sortant du palais,
Je sors de Rome, Arsace, et j'en sors pour jamais.
####### ARSACE.
Je suis surpris sans doute, et c'est avec justice.
Quoi ! depuis si long-temps la reine Bérénice
Vous arrache, seigneur, du sein de vos états ;
Depuis trois ans dans Rome elle arrête vos pas :
Et lorsque cette reine, assurant sa conquête,
Vous attend pour témoin de cette illustre fête,
Quand l'amoureux Titus, devenant son époux,
Lui prépare un éclat qui rejaillit sur vous...
####### ANTIOCHUS.
Arsace, laisse-la jouir de sa fortune,
Et quitte un entretien dont le cours m'importune.
####### ARSACE.
Je vous entends, seigneur : ces mêmes dignités
Ont rendu Bérénice ingrate à vos bontés ;
L'inimitié succède à l'amitié trahie.
####### ANTIOCHUS.
Non, Arsace, jamais je ne l'ai moins haïe.
####### ARSACE.
Quoi donc ! de sa grandeur déjà trop prévenu,
Le nouvel empereur vous a-t-il méconnu ?
Quelque pressentiment de son indifférence
Vous fait-il loin de Rome éviter sa présence ?
####### ANTIOCHUS.
Titus n'a point pour moi paru se démentir :

J'aurais tort de me plaindre.
ARSACE.
Et pourquoi donc partir ?
Quel caprice vous rend ennemi de vous-même ?
Le ciel met sur le trône un prince qui vous aime,
Un prince qui, jadis témoin de vos combats,
Vous vit chercher la gloire et la mort sur ses pas,
Et de qui la valeur, par vos soins secondée,
Mit enfin sous le joug la rebelle Judée.
Il se souvient du jour illustre et douloureux
Qui décida du sort d'un long siège douteux.
Sur leur triple rempart les ennemis tranquilles
Contemplaient sans péril nos assauts inutiles ;
Le belier impuissant les menaçait en vain :
Vous seul, seigneur, vous seul, une échelle à la main,
Vous portâtes la mort jusque sur leurs murailles.
Ce jour presque éclaira vos propres funérailles :
Titus vous embrassa mourant entre mes bras ;
Et tout le camp vainqueur pleura votre trépas.
Voici le temps, seigneur, où vous devez attendre
Le fruit de tant de sang qu'ils vous ont vu répandre.
Si, pressé du désir de revoir vos états,
Vous vous lassez de vivre où vous ne régnez pas,
Faut-il que sans honneurs l'Euphrate vous revoie?
Attendez pour partir que César vous renvoie
Triomphant et chargé des titres souverains
Qu'ajoute encore aux rois l'amitié des Romains.
Rien ne peut-il, seigneur, changer votre entreprise ?
Vous ne répondez point !
ANTIOCHUS.
Que veux-tu que je dise ?
J'attends de Bérénice un moment d'entretien.
ARSACE.
Hé bien, seigneur ?
ANTIOCHUS.
Son sort décidera du mien.

ARSACE.

Comment ?

ANTIOCHUS.

Sur son hymen j'attends qu'elle s'explique.
Si sa bouche s'accorde avec la voix publique,
S'il est vrai qu'on l'élève au trône des Césars,
Si Titus a parlé, s'il l'épouse, je pars.

ARSACE.

Mais qui rend à vos yeux cet hymen si funeste ?

ANTIOCHUS.

Quand nous serons partis, je te dirai le reste.

ARSACE.

Dans quel trouble, seigneur, jetez-vous mon esprit ?

ANTIOCHUS.

La reine vient. Adieu. Fais tout ce que j'ai dit.

SCENE IV.

BÉRÉNICE, ANTIOCHUS, PHÉNICE.

BERENICE.

Enfin je me dérobe à la joie importune
De tant d'amis nouveaux que me fait la fortune :
Je fuis de leurs respects l'inutile longueur,
Pour chercher un ami qui me parle du cœur.
Il ne faut point mentir, ma juste impatience
Vous accusait déjà de quelque négligence.
Quoi ! cet Antiochus, disais-je, dont les soins
Ont eut tout l'Orient et Rome pour témoins,
Lui que j'ai vu toujours constant dans mes traverses
Suivre d'un pas égal mes fortunes diverses ;
Aujourd'hui que les dieux semblent me présager
Un honneur qu'avec lui je prétends partager,
Ce même Antiochus, se cachant à ma vue,
Me laisse à la merci d'une foule inconnue !

ANTIOCHUS.

Il est donc vrai, madame ? et, selon ce discours,
L'hymen va succéder à vos longues amours ?

TRAGÉDIE.

BÉRÉNICE.

Seigneur, je vous veux bien confier mes alarmes.
Ces jours ont vu mes yeux baignés de quelques larmes :
Ce long deuil que Titus imposait à sa cour
Avait, même en secret suspendu son amour ;
Il n'avait plus pour moi cette ardeur assidue
Lorsqu'il passait les jours attaché sur ma vue ;
Muet, chargé de soins, et les larmes aux yeux,
Il ne me laissait plus que de tristes adieux.
Jugez de ma douleur, moi dont l'ardeur extrême,
Je vous l'ai dit cent fois, n'aime en lui que lui-même ;
Moi qui, loin des grandeurs dont il est revêtu,
Aurais choisi son cœur et cherché sa vertu.

ANTIOCHUS.

Il a repris pour vous sa tendresse première ?

BÉRÉNICE.

Vous fûtes spectateur de cette nuit dernière,
Lorsque, pour seconder ses soins religieux,
Le sénat a placé son père entre les dieux.
De ce juste devoir sa piété contente
A fait place, seigneur, aux soins de son amante ;
Et même en ce moment, sans qu'il m'en ait parlé,
Il est dans le sénat par son ordre assemblé.
Là, de la Palestine il étend la frontière ;
Il y joint l'Arabie et la Syrie entière :
Et, si de ses amis j'en dois croire la voix,
Si j'en crois ses sermens redoublés mille fois,
Il va sur tant d'états couronner Bérénice,
Pour joindre à plus de noms le nom d'impératrice,
Il m'en viendra lui-même assurer en ce lieu.

ANTIOCHUS.

Et je viens donc vous dire un éternel adieu.

BÉRÉNICE.

Que dites-vous ? Ah ciel ! quel adieu ! quel langage !
Prince ! vous vous troublez et changez de visage !

ANTIOCHUS.

Madame, il faut partir.

BÉRÉNICE.
Quoi ! ne puis-je savoir
Quel sujet...
ANTIOCHUS, *à part.*
Il fallait partir sans la revoir.
BERENICE.
Que craignez-vous ! Parlez ; c'est trop long-temps
se taire.
Seigneur, de ce départ quel est donc le mystère ?
ANTIOCHUS.
Au moins souvenez-vous que je cède à vos lois,
Et que vous m'écoutez pour la dernière fois.
Si, dans ce haut degré de gloire et de puissance,
Il vous souvient des lieux où vous prites naissance,
Madame, il vous souvient que mon cœur en ces
lieux
Reçut le premier trait qui partit de vos yeux :
J'aimai. J'obtins l'aveu d'Agrippa votre frère :
Il vous parla pour moi. Peut-être sans colère
Alliez-vous de mon cœur recevoir le tribut ;
Titus, pour mon malheur, vint, vous vit, et vous
plut.
Il parut devant vous dans tout l'éclat d'un homme
Qui porte entre ses mains la vengeance de Rome.
La Judée en pâlit : le triste Antiochus
Se compta le premier au nombre des vaincus.
Bientôt de mon malheur interprête sévère
Votre bouche à la mienne ordonna de se taire.
Je disputai long-temps ; je fis parler mes yeux :
Mes pleurs et mes soupirs vous suivaient en tous
lieux.
Enfin votre rigueur emporta la balance ;
Vous sûtes m'imposer l'exil ou le silence.
Il fallut le promettre, et même le jurer :
Mais, puisqu'en ce moment j'ose me déclarer,
Lorsque vous m'arrachiez cette injuste promesse ;
Mon cœur faisait serment de vous aimer sans cesse.
BERENICE.
Ah ! que me dites-vous ?

TRAGÉDIE.

ANTIOCHUS.
Je me suis tu cinq ans,
Madame ; et vais encor me taire plus long-temps.
De mon heureux rival j'accompagnai les armes ;
J'espérai de verser mon sang après mes larmes,
Ou qu'au moins jusqu'à vous porté par mille exploits
Mon nom pourrait parler, au défaut de ma voix.
Le ciel sembla promettre une fin à ma peine :
Vous pleurâtes ma mort, hélas ! trop peu certaine.
Inutiles périls ! Quelle étoit mon erreur !
La valeur de Titus surpassait ma fureur :
Il faut qu'à sa vertu mon estime réponde.
Quoiqu'attendu, madame, à l'empire du monde,
Chéri de l'univers, enfin aimé de vous,
Il semblait à lui seul appeler tous les coups :
Tandis que, sans espoir, haï, lassé de vivre,
Son malheureux rival ne semblait que le suivre.
Je vois que votre cœur m'applaudit en secret ;
Je vois que l'on m'écoute avec moins de regret,
Et que, trop attentive à ce récit funeste,
En faveur de Titus vous pardonnez le reste.
Enfin, après un siége aussi cruel que lent,
Il dompta les mutins, reste pâle et sanglant
Des flammes, de la faim, des fureurs intestines ;
Et laissa leurs remparts cachés sous leurs ruines :
Rome vous vit, madame, arriver avec lui.
Dans l'Orient désert quel devint mon ennui !
Je demeurai long-temps errant dans Césarée,
Lieux charmans, où mon cœur vous avait adorée :
Je vous redemandais à vos tristes états ;
Je cherchais, en pleurant, les traces de vos pas.
Mais enfin, succombant à ma mélancolie,
Mon désespoir tourna mes pas vers l'Italie :
Le sort m'y réservait le dernier de ses coups.
Titus en m'embrassant m'amena devant vous :
Un voile d'amitié vous trompa l'un et l'autre,
Et mon amour devint le confident du vôtre.
Mais toujours quelque espoir flattait mes déplaisirs :

E 5

Rome, Vespasien, traversaient vos soupirs;
Après tant de combats Titus cédait peut-être.
Vespasien est mort, et Titus est le maître.
Que ne fuyais-je alors! J'ai voulu quelques jours
De son nouvel empire examiner le cours.
Mon sort est accompli : votre gloire s'apprête.
Assez d'autres, sans moi, témoins de cette fête,
A vos heureux transports viendront joindre les leurs :
Pour moi, qui ne pourrais y mêler que des pleurs,
D'un inutile amour trop constante victime,
Heureux dans mes malheurs d'en avoir pu sans crime
Conter toute l'histoire aux yeux qui les ont faits,
Je pars plus amoureux que je ne fus jamais.

BÉRÉNICE.

Seigneur, je n'ai pas cru que, dans une journée
Qui doit avec César unir ma destinée,
Il fût quelque mortel qui pût impunément
Se venir à mes yeux déclarer mon amant.
Mais de mon amitié mon silence est un gage :
J'oublie en sa faveur un discours qui m'outrage.
Je n'en ai point troublé le cours injurieux ;
Je fais plus, à regret je reçois vos adieux,
Le ciel sait qu'au milieu des honneurs qu'il m'envoie
Je n'attendais que vous pour témoin de ma joie :
Avec tout l'univers j'honorais vos vertus ;
Titus vous chérissait, vous admiriez Titus.
Cent fois je me suis fait une douceur extrême
D'entretenir Titus dans un autre lui-même.

ANTIOCHUS.

Et c'est ce que je fuis. J'évite, mais trop tard,
Ces cruels entretiens où je n'ai point de part.
Je fuis Titus, je fuis ce nom qui m'inquiète,
Ce nom qu'à tous momens votre bouche répète :
Que vous dirai-je enfin ? je fuis des yeux distraits,
Qui me voyant toujours, ne me voyaient jamais.
Adieu. Je vais, le cœur trop plein de votre image,
Attendre, en vous aimant, la mort pour mon partage.

Sur-tout ne craignez point qu'une aveugle douleur
Remplisse l'univers du bruit de mon malheur ;
Madame, le seul bruit d'une mort que j'implore
Vous fera souvenir que je vivais encore.
Adieu.

SCÈNE V.
BÉRÉNICE, PHÉNICE.

PHÉNICE.

Que je le plains ? Tant de fidélité,
Madame, méritait plus de prospérité.
Ne le plaignez-vous pas ?

BERENICE.

Cette prompte retraite
Me laisse, je l'avoue, une douleur secrète.

PHENICE.

Je l'aurais retenu.

BERENICE.

Qui ! moi, le retenir !
J'en dois perdre plutôt jusques au souvenir.
Tu veux donc que je flatte une ardeur insensée ?

PHENICE.

Titus n'a point encore expliqué sa pensée.
Rome vous voit, madame, avec des yeux jaloux :
La rigueur de ses lois m'épouvante pour vous.
L'hymen chez les Romains n'admet qu'une Romaine.
Rome hait tous les rois ; et Bérénice est reine.

BERENICE.

Le temps n'est plus, Phénice, où je pouvais trembler
Titus m'aime ; il peut tout ; il n'a plus qu'à parler,
Il verra le sénat m'apporter ses hommages.
Et le peuple de fleurs couronner ses images.
De cette nuit, Phénice, as-tu vu la splendeur ?
Tes yeux ne sont-ils pas tout pleins de sa grandeur ?
Ces flambeaux, ce bûcher, cette nuit enflammée,
Ces aigles ces faisceaux, ce peuple, cette armée,

Cette foule de rois, ces consuls, ce sénat,
Qui tous de mon amant empruntaient leur éclat;
Cette pourpre, cet or, que rehaussait sa gloire,
Et ces lauriers encor témoins de sa victoire;
Tous ces yeux qu'on voyait venir de toutes parts
Confondre sur lui seul leurs avides regards;
Ce port majestueux, cette douce présence...
Ciel! avec quel respect et quelle complaisance
Tous les cœurs en secret l'assuraient de leur foi!
Parle: peut-on le voir sans penser, comme moi,
Qu'en quelque obscurité que le sort l'eût fait naître
Le monde en le voyant eût reconnu son maître?
 Mais, Phénice, où m'emporte un souvenir charmant?
Cependant Rome entière, en ce même moment,
Fait des vœux pour Titus, et, par des sacrifices,
De son règne naissant célèbre les prémices.
Que tardons-nous? allons pour son empire heureux
Au ciel qui le protège offrir aussi nos vœux.
Aussitôt, sans l'attendre, et sans être attendue,
Je reviens le chercher, et dans cette entrevue
Dire tout ce qu'aux cœurs l'un de l'autre contens
Aspirent des transports retenus si long-temps.

Fin du premier Acte.

ACTE II.

SCENE PREMIÈRE.

TITUS, PAULIN, SUITE.

TITUS.

A-t-on vu de ma part le roi de Comagène ?
Sait-il que je l'attends ?

PAULIN.

J'ai couru chez la reine :
Dans son appartement ce prince avait paru ;
Il en était sorti, lorsque j'y suis couru.
De vos ordres, seigneur, j'ai dit qu'on l'avertisse.

TITUS.

Il suffit. Et que fait la reine Bérénice ?

PAULIN.

La reine, en ce moment, sensible à vos bontés,
Charge le ciel de vœux pour vos prospérités.
Elle sortait, seigneur.

TITUS.

Trop aimable princesse !
Hélas !

PAULIN.

En sa faveur d'où naît cette tristesse,
L'Orient presque entier va fléchir sous sa loi :
Vous la plaignez ?

TITUS.

Paulin, qu'on vous laisse avec moi.

SCENE II.

TITUS, PAULIN.

TITUS.

Hé bien, de mes desseins Rome encore incertaine
Attend que deviendra le destin de la reine,

Paulin ; et les secrets de son cœur et du mien
Sont de tout l'univers devenus l'entretien.
Voici le temps enfin qu'il faut que je m'explique ?
De la reine et de moi que dit la voix publique ?
Parlez : qu'entendez-vous ?

PAULIN.

J'entends de tous côtés
Publier vos vertus, seigneur, et ses beautés.

TITUS.

Que dit-on des soupirs que je pousse pour elle ?
Quel succès attend-on d'un amour si fidèle ?

PAULIN.

Vous pouvez tout : aimez, cessez d'être amoureux ;
La cour sera toujours du parti de vos vœux.

TITUS.

Et je l'ai vue aussi cette cour peu sincère,
A ses maîtres toujours trop soigneuse de plaire,
Des crimes de Néron approuver les horreurs ;
Je l'ai vue à genoux consacrer ses fureurs.
Je ne prends point pour juge une cour idolâtre,
Paulin : je me propose un plus ample théâtre ;
Et, sans prêter l'oreille à la voix des flatteurs,
Je veux par votre bouche entendre tous les cœurs :
Vous me l'avez promis. Le respect et la crainte
Ferment autour de moi le passage à la plainte :
Pour mieux voir, chez Paulin, et pour entendre mieux,
Je vous ai demandé des oreilles, des yeux ;
J'ai mis même à ce prix mon amitié secrète :
J'ai voulu que des cœurs vous fussiez l'interprète ;
Qu'au travers des flatteurs votre sincérité
Fît toujours jusqu'à moi passer la vérité.
Parlez donc. Que faut-il que Bérénice espère ?
Rome lui sera-t-elle indulgente ou sévère ?
Dois-je croire qu'assise au trône des Césars
Une si belle reine offensât ses regards !

PAULIN.

N'en doutez point, seigneur ; soit raison, soit caprice,

Rome ne l'attend point pour son impératrice.
On sait qu'elle est charmante, et de si belles mains
Semblent vous demander l'empire des humains ;
Elle a même, dit-on, le cœur d'une Romaine,
Elle a mille vertus : mais, seigneur, elle est reine.
Rome, par une loi qui ne se peut changer,
N'admet avec son sang aucun sang étranger,
Et ne reconnait point les fruits illégitimes
Qui naissent d'un hymen contraire à ses maximes.
D'ailleurs, vous le savez, en bannissant ses rois,
Rome à ce nom, si noble et si saint autrefois,
Attacha pour jamais une haine puissante;
Et quoiqu'à ses Césars fidèle, obéissante,
Cette haine, seigneur, reste de sa fierté,
Survit dans tous les cœurs après la liberté.
Jules, qui le premier la soumit à ses armes
Qui fit taire les lois dans le bruit des alarmes,
Brûla pour Cléopâtre, et sans se déclarer,
Seule dans l'Orient la laissa soupirer.
Antoine, qui l'aima jusqu'à l'idolâtrie,
Oublia dans son sein sa gloire et sa patrie,
Sans oser toutefois se nommer son époux :
Rome l'alla chercher jusques à ses genoux;
Et ne désarma point sa fureur vengeresse
Qu'elle n'eût accablé l'amant et la maitresse.
Depuis ce temps, seigneur, Caligula, Néron,
Monstres dont à regret je cite ici le nom,
Et qui, ne conservant que la figure d'homme,
Foulèrent à leurs pieds toutes les lois de Rome,
Ont craint cette loi seule, et n'ont point à nos yeux
Allumé le flambeau d'un hymen odieux.
Vous m'avez commandé sur-tout d'être sincère.
De l'affranchi Pallas nous avons vu le frère,
Des fers de Claudius Felix encor flétri,
De deux reines, seigneur, devenir le mari;
Et, s'il faut jusqu'au bout que je vous obéisse,
Ces deux reines étaient du sang de Bérénice.
Et, vous croiriez pouvoir, sans blesser nos regards,

Faire entrer une reine au lit de nos Césars,
Tandis que l'Orient dans le lit de ses reines
Voit passer un esclave au sortir de nos chaînes !
C'est ce que les Romains pensent de votre amour.
Et je ne réponds pas, avant la fin du jour,
Que le sénat, chargé des vœux de tout l'empire,
Ne vous redise ici ce que je viens de dire;
Et que Rome avec lui tombant à vos genoux
Ne vous demande un choix digne d'elle et de vous.
Vous pouvez préparer, seigneur, votre réponse.

TITUS.

Hélas ! à quel amour on veut que je renonce !

PAULIN.

Cet amour est ardent, il le faut confesser.

TITUS.

Plus ardent mille fois que tu ne peux penser,
Paulin. Je me suis fait un plaisir nécessaire
De la voir chaque jour, de l'aimer de lui plaire.
J'ai fait plus, je n'ai rien de secret à tes yeux,
J'ai pour elle cent fois rendu grâces aux dieux
D'avoir choisi mon père au fond de l'Idumée,
D'avoir rangé sous lui l'Orient et l'armée,
Et, soulevant encor le reste des humains,
Remis Rome sanglante en ses paisibles mains :
J'ai même souhaité la place de mon père ;
Moi, Paulin, qui, cent fois, si le sort moins sévère
Eût voulu de sa vie étendre les liens,
Aurais donné mes jours pour prolonger les siens :
Tout cela (qu'un amant sait mal ce qu'il désire !)
Dans l'espoir d'élever Bérénice à l'empire,
De reconnaître un jour son amour et sa foi,
Et de voir à ses pieds tout le monde avec moi.
Malgré tout mon amour, Paulin, et tous ses charmes,
Après mille sermens appuyés de mes larmes,
Maintenant que je puis couronner tant d'attraits,
Maintenant que je l'aime encor plus que jamais,
Lorsqu'un heureux hymen joignant nos destinées

Peut payer en un jour les vœux de cinq années,
Je vais, Paulin... oh ciel ! puis-je le déclarer !

PAULIN.

Quoi, seigneur ?

TITUS.

Pour jamais je vais m'en séparer.
Mon cœur en ce moment ne vient pas de se rendre :
Si je t'ai fait parler, si j'ai voulu t'entendre,
Je voulais que ton zèle achevât en secret
De confondre un amour qui se tait à regret.
Bérénice a long-temps balancé la victoire ;
Et si je penche enfin du côté de ma gloire,
Crois qu'il m'en a coûté, pour vaincre tant d'amour,
Des combats dont mon cœur saignera plus d'un jour.
J'aimais, je soupirais dans une paix profonde ;
Un autre était chargé de l'empire du monde :
Maître de mon destin, libre dans mes soupirs,
Je ne rendais qu'à moi compte de mes désirs.
Mais à peine le ciel eut rappelé mon père,
Dès que ma triste main eut fermé sa paupière,
De mon aimable erreur je fus désabusé :
Je sentis le fardeau qui m'était imposé ;
Je connus que bientôt, loin d'être à ce que j'aime,
Il fallait, cher Paulin, renoncer à moi-même ;
Et que le choix des dieux, contraire à mes amours,
Livrait à l'univers le reste de mes jours.
Rome observe aujourd'hui ma conduite nouvelle :
Quelle honte pour moi, quel présage pour elle,
Si, dès le premier pas renversant tous ses droits,
Je fondais mon bonheur sur les débris des lois !
Résolu d'accomplir ce cruel sacrifice,
J'y voulus préparer la triste Bérénice :
Mais par où commencer ? Vingt fois, depuis huit jours,
J'ai voulu devant elle en ouvrir le discours ;
Et, dès le premier mot, ma langue embarrassée
Dans ma bouche vingt fois a demeuré glacée.
J'espérais que du moins mon trouble et ma douleur

Lui feraient pressentir notre commun malheur :
Mais, sans me soupçonner, sensible à mes alarmes,
Elle m'offre sa main pour essuyer mes larmes ;
Et ne prévoit rien moins, dans cette obscurité,
Que la fin d'un amour qu'elle a trop mérité.
Enfin, j'ai ce matin rappelé ma constance :
Il faut la voir, Paulin, et rompre le silence.
J'attends Antiochus pour lui recommander
Ce dépôt précieux que je ne puis garder :
Jusques dans l'Orient je veux qu'il la ramène.
Demain Rome avec lui verra partir la reine.
Elle en sera bientôt instruite par ma voix ;
Et je vais lui parler pour la dernière fois.

PAULIN.

Je n'attendais pas moins de cet amour de gloire
Qui par-tout après vous attacha la victoire.
La Judée asservie, et ses remparts fumans,
De cette noble ardeur éternels monumens,
Me répondaient assez que votre grand courage
Ne voudrait pas, seigneur, détruire son ouvrage,
Et qu'un héros vainqueur de tant de nations
Saurait bien tôt ou tard vaincre ses passions.

TITUS.

Ah ! que sous de beaux noms cette gloire est cruelle !
Combien mes tristes yeux la trouveraient plus belle,
S'il ne fallait encor qu'affronter le trépas !
Que dis-je ? cette ardeur que j'ai pour ses appas,
Bérénice en mon sein l'a jadis allumée.
Tu ne l'ignores pas: toujours la renommée
Avec le même éclat n'a pas semé mon nom ;
Ma jeunesse, nourrie à la cour de Néron,
S'égarait, cher Paulin, par l'exemple abusée,
Et suivait du plaisir la pente trop aisée.
Bérénice me plut. Que ne fait point un cœur
Pour plaire à ce qu'il aime et gagner son vainqueur ?
Je prodiguai mon sang : tout fit place à mes armes :
Je revins triomphant. Mais le sang et les larmes
Ne me suffisaient pas pour mériter ses vœux :

TRAGEDIE.

J'entrepris le bonheur de mille malheureux.
On vit de toutes part mes bontés se répandre ;
Heureux, et plus heureux que tu ne peux comprendre,
Quand je pouvais paraître à ses yeux satisfaits
Chargé de mille cœurs conquis par mes bienfaits !
Je lui dois tout, Paulin. Récompense cruelle !
Tout ce que je lui dois va retomber sur elle :
Pour prix de tant de gloire et de tant de vertus,
Je lui dirai : Partez, et ne me voyez plus.

PAULIN.

Hé quoi, seigneur ! hé quoi ! cette magnificence
Qui va jusqu'à l'Euphrate étendre sa puissance,
Tant d'honneurs dont l'excès a surpris le sénat,
Vous laissent-ils encor craindre le nom d'ingrat ?
Sur cent peuples nouveaux Bérénice commande.

TITUS.

Faibles amusemens d'une douleur si grande !
Je connais Bérénice, et ne sais que trop bien
Que son cœur n'a jamais demandé que le mien.
Je l'aimai ; je lui plus. Depuis cette journée,
(Dois-je dire funeste, hélas ! ou fortunée ?)
Sans avoir, en aimant, d'objet que son amour,
Etrangère dans Rome, inconnue à la cour,
Elle passe ses jours, Paulin sans rien prétendre
Que quelque heure à me voir, et le reste à m'attendre.
Encor, si quelquefois un peu moins assidu
Je passe le moment où je suis attendu,
Je la revois bientôt de pleurs toute trempée :
Ma main à les sécher est long-temps occupée.
Enfin, tout ce qu'amour a de nœuds plus puissans,
Doux reproches, transports sans cesse renaissans,
Soin de plaire sans art, crainte toujours nouvelle,
Beauté, gloire, vertu, je trouve tout en elle.
Depuis cinq ans entiers chaque jour je la vois,
Et crois toujours la voir pour la première fois.
N'y songeons plus : Allons, cher Paulin : plus j'y pense,

Plus je sens chanceler ma cruelle constance.
Quelle nouvelle, oh ciel! je lui vais annoncer!
Encore un coup, allons, il n'y faut plus penser.
Je connais mon devoir, c'est à moi de le suivre :
Je n'examine point si j'y pourrai survivre.

SCÈNE III.

TITUS, PAULIN, RUTILE.

RUTILE.

Bérénice, seigneur, demande à vous parler.

TITUS.

Ah, Paulin!

PAULIN.

Quoi! déjà vous semblez reculer!
De vos nobles projets, seigneur, qu'il vous souvienne ;
Voici le temps.

TITUS.

Hé bien, voyons-la. Qu'elle vienne.

SCÈNE IV.

BÉRÉNICE, TITUS, PAULIN, PHÉNICE.

BÉRÉNICE.

Ne vous offensez pas si mon zèle indiscret
De votre solitude interrompt le secret.
Tandis qu'autour de moi votre cour assemblée
Retentit des bienfaits dont vous m'avez comblée,
Est-il juste, seigneur, que seule en ce moment
Je demeure sans voix et sans ressentiment?
Mais, seigneur, (car je sais que cet ami sincère
Du secret de nos cœurs connaît tout le mystère)
Votre deuil est fini ; rien n'arrête vos pas,
Vous êtes seul enfin, et ne me cherchez pas.
J'entends que vous m'offrez un nouveau diadème,
Et ne puis cependant vous entendre vous-même.

Hélas ! plus de repos, seigneur, et moins d'éclat !
Votre amour ne peut-il paraître qu'au sénat ?
Ah, Titus ! (car enfin l'amour fuit la contrainte
De tous ces noms que suit le respect et la crainte)
De quel soin votre amour va-t-il s'importuner ?
N'a-t-il que des états qu'il me puisse donner ?
Depuis quand croyez-vous que ma grandeur me touche ?
Un soupir, un regard, un mot de votre bouche,
Voilà l'ambition d'un cœur comme le mien :
Voyez-moi plus souvent, et ne me donnez rien.
Tous vos momens sont-ils dévoués à l'empire ?
Ce cœur après huit jours n'a-t-il rien à me dire ?
Qu'un mot va rassurer mes timides esprits !
Mais parliez-vous de moi quand je vous ai surpris.
Dans vos secrets discours étais-je intéressée,
Seigneur ? étais-je au moins présente à la pensée ?

TITUS.

N'en doutez point, madame ; et j'atteste les dieux
Que toujours Bérénice est présente à mes yeux.
L'absense ni le temps, je vous le jure encore,
Ne vous peuvent ravir ce cœur qui vous adore.

BERENICE.

Hé quoi ! vous me jurez une éternelle ardeur,
Et vous me la jurez avec cette froideur !
Pourquoi même du ciel attester la puissance ?
Faut-il par des sermens vaincre ma défiance ?
Mon cœur ne prétend point, seigneur, vous démentir ?
Et je vous en croirai sur un simple soupir.

TITUS.

Madame...

BERENICE.

Hé bien, seigneur ? Mais quoi ! sans me répondre,
Vous détournez les yeux, et semblez vous confondre !
Ne m'offrirez-vous plus qu'un visage interdit ?
Toujours la mort d'un père occupe votre esprit :
Rien ne peut-il charmer l'ennui qui vous dévore ?

TITUS.
Plût aux dieux que mon pere, hélas! vécût encore!
Que je vivais heureux!

BERENICE.
Seigneur, tous ces regrets
De votre piété sont de justes effets.
Mais vos pleurs ont assez honoré sa mémoire;
Vous devez d'autres soins à Rome, à votre gloire:
De mon propre intérêt je n'ose vous parler.
Bérénice autrefois pouvait vous consoler:
Avec plus de plaisir vous m'avez écoutée.
De combien de malheurs pour vous persécutée
Vous ai-je pour un mot sacrifié mes pleurs!
Vous regrettez un père: hélas! faibles douleurs!
Et moi (ce souvenir me fait frémir encore)
On voulait m'arracher de tout ce que j'adore,
Moi, dont vous connaissez le trouble et le tourment
Quand vous ne me quittez que pour quelque moment,
Moi, qui mourrais le jour qu'on voudrait m'interdire
De vous....

TITUS.
Madame, hélas! que me venez-vous dire!
Quel temps choisissez-vous? Ah! de grâce, arrêtez:
C'est trop pour un ingrat prodiguer vos bontés.

BERENICE.
Pour un ingrat, seigneur! et le pouvez-vous être?
Ainsi donc mes bontés vous fatiguent peut-être?

TITUS
Non, madame: jamais, puisqu'il faut vous parler,
Mon cœur de plus de feux ne se sentit brûler.
Mais...

BERENICE.
Achevez.

TITUS.
Hélas!

BERENICE.
Parlez.
TITUS.
Rome... L'empire...
BERENICE.
Hé bien ?
TITUS.
Sortons, Paulin ; je ne lui puis rien dire.

SCÈNE V.

BERENICE, PHÉNICE.

BERENICE.
Quoi ! me quitter sitôt ! et ne me dire rien !
Chère Phénice, hélas ! quel funeste entretien !
Qu'ai-je fait ? Que veut-il ? Et que dit ce silence ?
PHENICE.
Comme vous je me perds d'autant plus que j'y pense.
Mais ne s'offre-t-il rien à votre souvenir
Qui contre vous, madame, ait pu le prévenir ?
Voyez, examinez.
BERENICE.
Hélas ! tu peux m'en croire ;
Plus je veux du passé rappeler la mémoire,
Du jour que je le vis jusqu'à ce triste jour,
Plus je vois qu'on me peut reprocher trop d'amour.
Mais tu nous entendais. Il ne faut rien me taire ;
Parle. N'ai-je rien dit qui lui puisse déplaire ?
Que sais-je ? j'ai peut-être avec trop de chaleur
Rabaissé ses présens ou blâmé sa douleur.
N'est-ce point que de Rome il redoute la haine ?
Il craint peut-être, il craint d'épouser une reine.
Hélas ! s'il était vrai... Mais non, il a cent fois
Rassuré mon amour contre leurs dures lois ;
Cent fois.. Ah ! qu'il m'explique un silence si rude :
Je ne respire pas dans cette incertitude.
Moi, je vivrais, Phénice, et je pourrais penser
Qu'il me néglige, ou bien que j'ai pu l'offenser ?

Retournons sur ses pas. Mais, quand je m'examine,
Je crois de ce désordre entrevoir l'origine.
Phénice, il aura su tout ce qui s'est passé :
L'amour d'Antiochus l'a peut-être offensé.
Il attend, m'a-t-on dit, le roi de Comagène.
Ne cherchons point ailleurs le sujet de ma peine.
Sans doute, ce chagrin qui vient de m'alarmer
N'est qu'un léger soupçon facile à désarmer.
Je ne te vante point cette faible victoire,
Titus : ah ! plût au ciel que, sans blesser ta gloire,
Un rival plus puissant voulût tenter ma foi
Et pû mettre à mes pieds plus d'empires que toi ;
Que de sceptres sans nombre il pût payer ma flamme ;
Que ton amour n'eût rien à donner que ton ame !
C'est alors, cher Titus, qu'aimé, victorieux,
Tu verrais de quel prix ton cœur est à mes yeux.
Allons, Phénice ; un mot pourra le satisfaire.
Rassurons-nous, mon cœur ; je puis encor lui plaire ;
Je me comptais trop tôt au rang des malheureux :
Si Titus est jaloux, Titus est amoureux.

Fin du second acte.

ACTE III.

SCENE PREMIERE.

TITUS, ANTIOCHUS, ARSACE.

TITUS.

Quoi ! prince, vous partiez ! quelle raison subite
Presse votre départ, ou plutôt votre fuite ?
Vouliez-vous me cacher jusques à vos adieux ?
Est-ce comme ennemi que vous quittez ces lieux ?
Que diront avec moi, la cour, Rome, l'Empire ?
Mais, comme votre ami que ne puis-je point dire ?
De quoi m'accusez-vous ? Vous avais-je sans choix
Confondu jusqu'ici dans la foule des rois ?
Mon cœur vous fut ouvert tant qu'a vécu mon père ;
C'était le seul présent que je pouvais vous faire :
Et lorsqu'avec mon cœur ma main peut s'épan-
   cher,
Vous fuyez mes bienfaits tout prêts à vous cher-
   cher,
Pensez-vous qu'oubliant ma fortune passée
Sur ma seule grandeur j'arrête ma pensée,
Et que tous mes amis s'y présentent de loin
Comme autant d'inconnus dont je n'ai plus besoin ?
Vous-même à mes regards qui vouliez vous sous-
   traire
Prince, plus que jamais vous m'êtes nécessaire.

ANTIOCHUS.

Moi, seigneur ?

TITUS.

   Vous.

ANTIOCHUS.
Hélas ! d'un prince malheureux
Que pouvez-vous, seigneur, attendre que des
vœux ?

TITUS.
Je n'ai pas oublié, prince, que ma victoire
Devait à vos exploits la moitié de sa gloire ;
Que Rome vit passer au nombre des vaincus
Plus d'un captif chargé des fers d'Antiochus ;
Que dans le Capitole elle voit attachées
Les dépouilles des juifs par vos mains arrachées.
Je n'attends pas de vous de ces sanglans exploits,
Et je veux seulement emprunter votre voix.
Je sais que Bérénice, à vos soins redevables,
Croit posséder en vous un ami véritable :
Elle ne voit dans Rome et n'écoute que vous :
Vous ne faites qu'un cœur et qu'une ame avec nous.
Au nom d'un amitié si constante et si belle,
Employez le pouvoir que vous avez sur elle :
Voyez-la de ma part.

ANTIOCHUS.
Moi, paraître à ses yeux ?
La reine pour jamais a reçu mes adieux.

TITUS.
Prince, il faut que pour moi vous lui parliez encore.

ANTIOCHUS.
Ah ! parlez-lui, seigneur. La reine vous adore :
Pourquoi vous dérober vous-même en ce moment
Le plaisir de lui faire un aveu si charmant ?
Elle l'attend, seigneur, avec impatience.
Je réponds, en partant, de son obéissance ;
Et même elle m'a dit que, prêt à l'épouser,
Vous ne la verrez plus que pour l'y disposer.
Ah ! qu'un aveu si doux aurait lieu de me plaire !
Que je serais heureux, si j'avais à le faire !
Mes transports aujourd'hui s'attendaient d'éclater ;
Cependant aujourd'hui, prince il faut la quitter.

ANTIOCHUS.
La quitter ! Vous, seigneur ?

TRAGEDIE.

TITUS.
Telle est ma destinée:
Pour elle et pour Titus il n'est plus d'hymenée.
D'un espoir si charmant je me flattais en vain:
Prince, il faut avec vous qu'elle parte demain.

ANTIOCHUS.
Qu'entends-je ? Oh ciel !

TITUS.
Plaignez ma grandeur importune :
Maître de l'univers je règle sa fortune ;
Je puis faire les rois, je puis les déposer ;
Cependant de mon cœur je ne puis disposer.
Rome, contre les rois de tout temps soulevée,
Dédaigne une beauté dans la pourpre élevée :
L'éclat du diadème, et cent rois pour aïeux,
Déshonorent ma flamme et blessent tous les yeux.
Mon cœur, libre d'ailleurs, sans craindre les murmures,
Peut brûler à son choix dans des flammes obscures :
Et Rome avec plaisir recevrait de ma main
La moins digne beauté qu'elle cache en son sein.
Jules céda lui-même au torrent qui m'entraine.
Si le peuple demain ne voit partir la reine,
Demain elle entendra ce peuple furieux
Me venir demander son départ à ses yeux.
Sauvons de cet affront mon nom et sa mémoire ;
Et puisqu'il faut céder, cédons à notre gloire.
Ma bouche et mes regards, muets depuis huit jours,
L'auront pu préparer à ce triste discours :
Et même en ce moment, inquiète, empressée,
Elle veut qu'à ses yeux j'explique ma pensée.
D'un amant interdit soulagez le tourment ;
Epargnez à mon cœur cet éclaircissement.
Allez, expliquez-lui mon trouble et mon silence ;
Sur-tout, qu'elle me laisse éviter sa présence :
Soyez le seul témoin de ses pleurs et des miens,
Portez-lui mes adieux, et recevez les siens.
Fuyons tous deux, fuyons un spectacle funeste

Qui de notre constance accablerait le reste.
Si l'espoir de régner et de vivre en mon cœur
Peut de son infortune adoucir la rigueur,
Ah, prince ! jurez-lui que, toujours trop fidèle,
Gémissant dans ma cour et plus exilé qu'elle,
Portant jusqu'au tombeau le nom de son amant,
Mon règne ne sera qu'un long bannissement,
Si le ciel, non content de me l'avoir ravie,
Veut encor m'affliger par une longue vie.
Vous que l'amitié seule attache sur ses pas
Prince, dans son malheur ne l'abandonnez pas :
Que l'Orient vous voie arriver à sa suite ;
Que ce soit un triomphe, et non pas une fuite.
Qu'une amitié si belle ait d'éternels liens ;
Que mon nom soit toujours dans tous vos entretiens.
Pour rendre vos états plus voisins l'un de l'autre,
L'Euphrate bornera son empire et le vôtre.
Je sais que le sénat, tout plein de votre nom
D'une commune voix confirmera ce don.
Je joins la Cilicie à votre Comagène.
Adieu. Ne quittez point ma princesse, ma reine ;
Tout ce qui de mon cœur fut l'unique désir,
Tout ce que j'aimerai jusqu'au dernier soupir.

SCÈNE II.

ANTIOCHUS, ARSACE.

ARSACE.

Ainsi le ciel s'apprête à vous rendre justice.
Vous partirez, seigneur, mais avec Bérénice :
Loin de vous la ravir, on va vous la livrer.

ANTIOCHUS.

Arsace, laisse-moi le temps de respirer.
Ce changement est grand, ma surprise est extrême :
Titus entre mes mains remet tout ce qu'il aime !
Dois-je croire, grands dieux ! ce que je viens d'ouïr ?
Et, quand je le croirais, dois-je m'en réjouir ?

TRAGEDIE.

ARSACE.
Mais, moi-même, seigneur, que faut-il que je croie ?
Quel obstacle nouveau s'oppose à votre joie ?
Me trompiez-vous tantôt au sortir de ses lieux,
Lorsqu'encor tout ému de vos derniers adieux,
Tremblant d'avoir osé s'expliquer devant elle,
Votre cœur me contait son audace nouvelle ;
Vous fuyez un hymen qui vous faisait trembler.
Cet hymen est rompu : quel soin peut vous troubler ?
Suivez les doux transports où l'amour vous invite.

ANTIOCHUS.
Arsace, je me vois chargé de sa conduite :
Je jouirai long-temps de ses chers entretiens ;
Ses yeux même pourront s'accoutumer aux miens,
Et peut-être son cœur fera la différence
Des froideurs de Titus à ma persévérance.
Titus m'accable ici du poids de sa grandeur ;
Tout disparaît dans Rome auprès de sa splendeur :
Mais quoique l'Orient soit plein de sa mémoire,
Bérénice y verra des traces de ma gloire.

ARSACE.
N'en doutez point, seigneur, tout succède à vos vœux.

ANTIOCHUS.
Ah! que nous nous plaisons à nous tromper tous deux !

ARSACE.
Et pourquoi nous tromper ?

ANTIOCHUS.
Quoi ! je lui pourrais plaire !
Bérénice à mes vœux ne serait plus contraire ?
Bérénice d'un mot flatterait mes douleurs ?
Penses-tu seulement que parmi ses malheurs,
Quand l'univers entier négligerait ses charmes,
L'ingrate me permit de lui donner des larmes,
Ou qu'elle s'abaissât jusques à recevoir
Des soins qu'à mon amour elle croirait devoir ?

ARSACE.
Et qui peut mieux que vous consoler sa disgrâce ?
Sa fortune, seigneur, va prendre une autre face :
Titus la quitte.

ANTIOCHUS.
Hélas ! de ce grand changement,
Il ne me reviendra que le nouveau tourment
D'apprendre par ses pleurs à quel point elle l'aime :
Je la verrai gémir ; je la plaindrai moi-même.
Pour fruit de tant d'amour, j'aurai le triste emploi
De recueillir des pleurs qui ne sont pas pour moi.

ARSACE.
Quoi ! ne vous plairez-vous qu'à vous gêner sans cesse ?
Jamais dans un grand cœur vit-on plus de faiblesse ?
Ouvrez les yeux, seigneur, et songeons entre nous
Par combien de raisons Bérénice est à vous.
Puisqu'aujourd'hui Titus ne prétend plus lui plaire,
Songez que votre hymen lui devient nécessaire.

ANTIOCHUS.
Nécessaire ?

ARSACE.
A ses pleurs accordez quelques jours ;
De ses premiers sanglots laissez passer le cours :
Tout parlera pour vous, le dépit, la vengeance,
L'absence de Titus, le temps, votre présence,
Trois sceptres que son bras ne peut seul soutenir,
Vos deux états voisins qui cherchent à s'unir ;
L'intérêt, la raison, l'amitié, tout vous lie.

ANTIOCHUS.
Ah ! je respire, Arsace ; et tu me rends la vie :
J'accepte avec plaisir un présage si doux.
Que tardons-nous ? faisons ce qu'on attend de nous,
Entrons chez Bérénice ; et puisqu'on nous l'ordonne,
Allons lui déclarer que Titus l'abandonne...
Mais plutôt demeurons. Que faisais-je ? Est-ce à moi,

Arsace, à me charger de ce cruel emploi ?
Soit vertu, soit amour, mon cœur s'en effarouche:
L'aimable Bérénice entendrait de ma bouche
Qu'on l'abandonne ! Ah, reine! et qui l'aurait pensé
Que ce mot dût jamais vous être prononcé !

ARSACE.

La haine sur Titus tombera tout entière.
Seigneur, si vous parlez, ce n'est qu'à sa prière.

ANTIOCHUS.

Non, ne la voyons point ; respectons sa douleur :
Assez d'autres viendront lui conter son malheur.
Et ne la crois tu-pas assez infortunée
D'apprendre à quel mépris Titus l'a condamnée,
Sans lui donner encor le déplaisir fatal
D'apprendre ce mépris par son propre rival ?
Encore un coup, fuyons ; et par cette nouvelle
N'allons point nous charger d'une haine immortelle.

ARSACE.

Ah ! la voici, seigneur ; prenez votre parti.

ANTIOCHUS.

Oh ciel !

SCENE III.

BERENICE, ANTIOCHUS, ARSACE, PHÉNICE.

BERENICE.

Hé quoi, seigneur ! vous n'êtes point parti !

ANTIOCHUS.

Madame, je vois bien que vous êtes déçue,
Et que c'était César que cherchait votre vue.
Mais n'accusez que lui si, malgré mes adieux,
De ma présence encor j'importune vos yeux.
Peut-être en ce moment je serais dans Ostie,
S'il ne m'eût de sa cour défendu la sortie.

BÉRÉNICE.
Il vous cherche vous seul ! Il nous évite tous.
ANTIOCHUS.
Il ne m'a retenu que pour parler de vous.
BERENICE.
De moi, prince ?
ANTIOCHUS.
Oui, madame.
BERENICE.
Et qu'a-t-il pu vous dire ?
ANTIOCHUS.
Mille autres mieux que moi pourront vous en instruire.
BERENICE.
Quoi, seigneur !...
ANTIOCHUS.
Suspendez votre ressentiment.
D'autres, loin de se taire en ce même moment,
Triompheraient peut-être, et, pleins de confiance,
Céderaient avec joie à votre impatience :
Mais moi, toujours tremblant, moi, vous le savez bien,
A qui votre repos est plus cher que le mien,
Pour ne le point troubler j'aime mieux vous déplaire,
Et crains votre douleur plus que votre colère.
Avant la fin du jour vous me justifierez
Adieu, madame.
BERENICE.
Oh ciel ! quel discours ! Demeurez.
Prince, c'est trop cacher mon trouble à votre vue.
Vous voyez devant vous une reine éperdue,
Qui, la mort dans le sein, vous demande deux mots,
Vous craignez, dites-vous, de troubler mon repos ;
Et vos refus cruels, loin d'épargner ma peine,
Excitent ma douleur, ma colère, ma haine.
Seigneur, si mon repos vous est si précieux,
Si moi-même jamais je fus chère à vos yeux,

Eclaircissez le trouble où vous voyez mon ame.
Que vous a dit Titus ?
ANTIOCHUS.
     Au nom des dieux, madame.
BERENICE.
Quoi ! vous craignez si peu de me désobéir ?
ANTIOCHUS.
Je n'ai qu'à vous parler pour me faire haïr.
BERENICE.
Je veux que vous parliez.
ANTIOCHUS.
     Dieux ! quelle violence !
Madame, encore un coup vous louerez mon silence.
BERENICE.
Prince, dès ce moment contentez mes souhaits,
Ou soyez de ma haine assuré pour jamais.
ANTIOCHUS.
Madame, après cela je ne puis plus me taire.
Hé bien, vous le voulez, il faut vous satisfaire.
Mais ne vous flattez point : je vais vous annoncer
Peut-être des malheurs où vous n'osez penser.
Je connais votre cœur ; vous devez vous attendre
Que je le vais frapper par l'endroit le plus tendre;
Titus m'a commandé...
BERENICE.
 Quoi ?
ANTIOCHUS.
     De vous déclarer
Qu'à jamais l'un de l'autre il faut vous séparer.
BERENICE.
Nous séparer ! qui ? moi ? Titus de Bérénice?
ANTIOCHUS.
Il faut que devant vous je lui rende justice :
Tout ce que, dans un cœur sensible et généreux,
L'amour au désespoir peut rassembler d'affreux,
Je l'ai vu dans le sien. Il pleure, il vous adore.
Mais enfin que lui sert de vous aimer encore.
Une reine est suspecte à l'empire romain.
Il faut vous séparer, et vous partez demain.

BERENICE.
Nous séparer ! Hélas, Phénice !

PHÉNICE.
　　　　　　　Hé bien, madame,
Il faut ici montrer la grandeur de votre ame.
Ce coup sans doute est rude, il doit vous étonner.

BERENICE.
Après tant de sermens Titus m'abandonner !
Titus qui me jurait... Non, je ne le puis croire ;
Il ne me quitte point, il y va de sa gloire.
Contre son innocence on veut me prévenir.
Ce piège n'est tendu que pour nous désunir.
Titus m'aime, Titus ne veut point que je meure.
Allons le voir : je veux lui parler tout à l'heure.
Allons.

ANTIOCHUS.
　　Quoi ! vous pourriez ici me regarder...

BÉRÉNICE.
Vous le souhaitez trop pour me persuader.
Non, je ne vous crois point. Mais, quoi qu'il en puisse être
Pour jamais à mes yeux gardez-vous de paraître.
　　　(à Phénice.)
Ne m'abandonne pas dans l'état où je suis.
Hélas ! pour me tromper je fais ce que je puis.

SCENE IV.

ANTIOCHUS, ARSACE.

ANTIOCHUS.
Ne me trompé-je point ? l'ai-je bien entendue ?
Que je me garde, moi, de paraitre à sa vue !
Je m'en garderai bien. Eh ! ne partais-je pas,
Si Titus malgré moi n'eût arrêté mes pas ?
Sans doute il faut partir. Continuons Arsace.
Elle croit m'affliger ; sa haine me fait grace.

Tu me voyais tantôt inquiet, égaré;
Je partais amoureux, jaloux, désespéré;
Et maintenant, Arsace, après cette défense,
Je partirai peut-être avec indifférence.
ARSACE.
Moins que jamais, seigneur, il faut vous éloigner.
ANTIOCHUS.
Moi, je demeurerai pour me voir dédaigner?
Des froideurs de Titus je serai responsable?
Je me verrai punir parce qu'il est coupable?
Avec quelle injustice et quelle indignité
Elle doute, à mes yeux de ma sincérité!
Titus l'aime, dit-elle, et moi je l'ai trahie.
L'ingrate! m'accuser de cette perfidie!
Et dans quel temps encor? dans le moment fatal
Que j'étale à ses yeux les pleurs de mon rival;
Que pour la consoler je le fesais paraître
Amoureux et constant, plus qu'il ne l'est peut-être.
ARSACE.
Et de quel soin, seigneur, vous allez vous troubler?
Laissez à ce torrent le temps de s'écouler:
Dans huit jours, dans un mois, n'importe, il faut qu'il passe.
Demeurez seulement.
ANTIOCHUS.
Non; je la quitte, Arsace:
Je sens qu'à sa douleur je pourrais compatir:
Ma gloire, mon repos, tout m'excite à partir.
Allons; et de si loin évitons la cruelle,
Que de long-temps, Arsace, on ne nous parle d'elle.
Toutefois il nous reste encore assez de jour:
Je vais dans mon palais attendre ton retour;
Va voir si la douleur ne l'a point trop saisie.
Cours; et partons du moins assurés de sa vie.

Fin du troisième Acte.

ACTE IV.

SCENE PREMIERE.

BERENICE.

Phenice ne vient point ! Momens trop rigoureux,
Que vous paraissez lens à mes rapides vœux !
Je m'agite, je cours; languissante, abattue,
La force m'abandonne; et le repos me tue.
Phénice ne vient point ! Ah ! que cette longueur
D'un présage funeste épouvante mon cœur !
Phénice n'aura point de réponse à me rendre :
Titus, l'ingrat Titus n'a point voulu l'entendre ;
Il fuit, il se dérobe à ma juste fureur.

SCÈNE II.

BERENICE, PHENICE.

BÉRENICE.

Chère Phénice, hé bien ! as-tu vu l'empereur ?
Qu'a-t-il dit ? viendra-t-il ?

PHENICE.

Oui, je l'ai vu, madame,
Et j'ai peint à ses yeux le trouble de votre ame.
J'ai vu couler des pleurs qu'il voulait retenir.

BERENICE.

Vient-il ?

PHENICE.

N'en doutez point, madame, il va venir.
Mais voulez-vous paraître en ce désordre extrême ?
Remettez-vous, madame, et rentrez en vous-
    même.
Laissez-moi relever ces voiles détachés, .

Et

Et ces cheveux épars dont vos yeux sont cachés.
Souffrez que de vos pleurs je répare l'outrage.
BÉRÉNICE.
Laisse, laisse, Phénice; il verra son ouvrage.
Eh! que m'importe, hélas! de ces vains ornemens?
Si ma foi, si mes pleurs, si mes gémissemens,
Mais que dis-je, mes pleurs! si ma perte est certaine,
Si ma mort toute prête enfin me le ramène,
Dis-moi que produiront tes secours superflus,
Et tout ce faible éclat qui ne le touche plus?
PHÉNICE.
Pourquoi lui faites-vous cet injuste reproche?
J'entends du bruit, madame, et l'empereur s'approche.
Venez, fuyez la foule, et rentrons promptement :
Vous l'entretiendrez seul dans votre appartement.

SCENE III.

TITUS, PAULIN, SUITE.

TITUS.

De la reine, Paulin, flattez l'inquiétude :
Je vais la voir. Je veux un peu de solitude ;
Que l'on me laisse.
PAULIN, *à part*.
      Oh ciel! que je crains ce combat !
Grands Dieux, sauvez sa gloire et l'honneur de l'état!
Voyons la reine.

SCÈNE IV.

TITUS.

      Hé bien! Titus, que viens-tu faire?
Bérénice t'attend. Où viens-tu, téméraire?
Tes adieux sont-ils prêts? T'es-tu bien consulté?
Ton cœur te promet-il assez de cruauté?

Car enfin au combat qui pour toi se prépare
C'est peu d'être constant, il faut être barbare.
Soutiendrai-je ces yeux dont la douce langueur
Sait si bien découvrir les chemins de mon cœur ?
Quand je verrai ces yeux armés de tous leurs charmes,
Attachés sur les miens, m'accabler de leurs larmes,
Me souviendrai-je alors de mon triste devoir ?
Pourrai-je dire enfin : Je ne veux plus vous voir ?
 Je viens percer un cœur que j'adore, qui m'aime.
Et pourquoi le percer ? Qui l'ordonne ? Moi-même.
Car enfin Rome a-t-elle expliqué ses souhaits ?
L'entendons-nous crier autour de ce palais ?
Vois-je l'état penchant au bord du précipice ?
Ne le puis-je sauver que par ce sacrifice ?
Tout se tait ; et moi seul, trop prompt à me troubler,
J'avance des malheurs que je puis reculer.
Et qui sait si, sensible aux vertus de la reine,
Rome ne voudra point l'avouer pour Romaine ?
Rome peut par son choix justifier le mien :
Non, non, encore un coup, ne précipitons rien.
Que Rome avec ses lois mette dans la balance
Tant de pleurs, tant d'amour, tant de persévérance;
Rome sera pour nous... Titus, ouvre les yeux :
Quel air respire-tu ? N'es-tu pas dans ces lieux
Où la haine des rois, avec le lait sucée,
Par crainte ou par amour ne peut être effacée ?
Rome jugea ta reine en condamnant ses rois.
N'as-tu pas en naissant entendu cette voix !
Et n'as-tu pas encore ouï la renommée.
T'annoncer ton devoir jusque dans ton armée ?
Et lorsque Bérénice arriva sur tes pas,
Ce que Rome en jugeait ne l'entendis-tu pas ?
Faut-il donc tant de fois te le faire redire ?
Ah, lâche ! fais l'amour et renonce à l'empire ;
Au bout de l'univers va, cours te confiner,
Et fais place à des cœurs plus dignes de régner.
Sont-ce là ces projets de grandeur et de gloire

Qui devaient dans les cœurs consacrer ma mémoire?
Depuis huit jours je règne, et, jusques à ce jour,
Qu'ai-je fait pour l'honneur ? J'ai tout fait pour
l'amour.
D'un temps si précieux quel compte puis-je rendre ?
Où sont ces heureux jours que je faisais attendre ?
Quels pleurs ai-je séchés ? dans quels yeux satisfaits
Ai-je déjà goûté le fruit de mes bienfaits ?
L'univers a-t-il vu changer ses destinées ?
Sais-je combien le ciel m'a compté de journées ?
Et de ce peu de jours, si long-temps attendus,
Ah, malheureux ! combien j'en ai déjà perdus !
Ne tardons plus : faisons ce que l'honneur exige ;
Rompons le seul lien...

SCÈNE V.

BERENICE, TITUS.

BÉRÉNICE, *en sortant de son appartement.*

     Non, laissez-moi, vous dis-je.
En vain tous vos conseils me retiennent ici ;
Il faut que je le voie... Ah, seigneur vous voici !
Hé bien, il est donc vrai que Titus m'abandonne !
Il faut nous séparer ! et c'est lui qui l'ordonne !

TITUS.

N'accablez point, madame, un prince malheureux.
Il ne faut point ici nous attendrir tous deux.
Un trouble assez cruel m'agite et me dévore,
Sans que des pleurs si chers me déchirent encore.
Rappelez bien plutôt ce cœur qui tant de fois
M'a fait de mon devoir reconnaître la voix :
Il en est temps. Forcez votre amour à se taire ;
Et d'un œil que la gloire et la raison éclaire
Contemplez mon devoir dans toute sa rigueur.
Vous-même contre vous fortifiez mon cœur ;
Aidez-moi, s'il se peut à vaincre ma faiblesse,
A retenir des pleurs qui m'échappent sans cesse :
Ou si nous ne pouvons commander à nos pleurs,

Que la gloire du moins soutienne nos douleurs ;
Et que tout l'univers reconnaisse sans peine
Les pleurs d'un empereur et les pleurs d'une reine.
Car enfin, ma princesse, il faut nous séparer.

BÉRÉNICE.

Ah, cruel est-il temps de me le déclarer ?
Qu'avez-vous fait ? Hélas ! je me suis crue aimée ;
Au plaisir de vous voir mon ame accoutumée
Ne vit plus que pour vous : ignoriez-vous vos loix
Quand je vous l'avouai pour la première fois ?
A quel excès d'amour m'avez-vous amenée !
Que ne me disiez-vous, Princesse infortunée,
Où vas-tu t'engager, et quel est ton espoir ?
Ne donne point un cœur qu'on ne peut recevoir !
Ne l'avez-vous reçu, cruel, que pour le rendre
Quand de vos seules mains ce cœur voudrait dépendre ?
Tout l'empire a vingt fois conspiré contre nous :
Il était temps encor, que ne me quittiez-vous ?
Mille raisons alors consolaient ma misère :
Je pouvais de ma mort accuser votre père,
Le peuple, le sénat, tout l'empire romain,
Tout l'univers, plutôt qu'une si chère main.
Leur haine, dès long-temps contre moi déclarée,
M'avait à mon malheur dès long-temps préparée.
Je n'aurai pas, seigneur, reçu ce coup cruel
Dans le temps que j'espère un bonheur immortel,
Quand votre heureux amour peut tout ce qu'il désire,
Lorsque Rome se tait, quand votre père expire,
Lorsque tout l'univers fléchit à vos genoux,
Enfin quand je n'ai plus à redouter que vous.

TITUS.

Et c'est moi seul aussi qui pouvais me détruire.
Je pouvais vivre alors et me laisser séduire ;
Mon cœur se gardait bien d'aller dans l'avenir
Chercher ce qui pouvait un jour nous désunir.
Je voulais qu'à mes vœux rien ne fût invincible ;
Je n'examinais rien, j'espérais l'impossible.

Que sais-je ? j'espérais de mourir à vos yeux,
Avant que d'en venir à ces cruels adieux.
Les obstacles semblaient renouveler ma flamme.
Tout l'empire parlait : mais la gloire, madame,
Ne s'était point encore fait entendre à mon cœur
Du ton dont elle parle au cœur d'un empereur.
Je sais tous les tourmens où ce dessein me livre :
Je sens bien que sans vous je ne saurais plus vivre,
Que mon cœur de moi-même est prêt à s'éloigner ;
Mais il ne s'agit plus de vivre, il faut régner.

BÉRÉNICE.

Hé bien, régnez, cruel, contentez votre gloire :
Je ne dispute plus. J'attendais, pour vous croire,
Que cette même bouche, après mille sermens
D'un amour qui devait unir tous nos momens,
Cette bouche, à mes yeux s'avouant infidèle,
M'ordonnât elle-même une absence éternelle.
Moi-même j'ai voulu vous entendre en ce lieu.
Je n'écoute plus rien : et, pour jamais, adieu...
Pour jamais ! Ah, seigneur ! songez-vous en vous-même
Combien ce mot cruel est affreux quand on aime ?
Dans un mois, dans un an, comment souffrirons-nous,
Seigneur, que tant de mers me séparent de vous ;
Que le jour recommence et que le jour finisse
Sans que jamais Titus puisse voir Bérénice,
Sans que de tout le jour je puisse voir Titus ?
Mais quelle est mon erreur, et que de soins perdus !
L'ingrat, de mon départ consolé par avance,
Daignera-t-il compter les jours de mon absence ?
Ces jours si longs pour moi lui sembleront trop courts.

TITUS.

Je n'aurai pas, madame, à compter tant de jours ;
J'espère que bientôt la triste renommée
Vous fera confesser que vous étiez aimée.
Vous verrez que Titus n'a pu, sans espirer...

BÉRÉNICE.
Ah, seigneur! s'il est vrai, pourquoi nous séparer?
Je ne vous parle point d'un heureux hymenée:
Rome à ne vous plus voir m'a-t-elle condamnée?
Pourquoi, m'enviez-vous l'air que vous respirez?

TITUS.
Hélas! vous pouvez tout, madame. Demeurez:
Je n'y resiste point. Mais je sens ma faiblesse:
Il faudra vous combattre et vous craindre sans cesse,
Et sans cesse veiller à retenir mes pas,
Que vers vous à toute heure entraînent vos appas.
Que dis-je? En ce moment, mon cœur hors de lui-même,
S'oublie, et se souvient seulement qu'il vous aime.

BÉRÉNICE.
Hé bien, seigneur, hé bien, qu'en peut-il arriver?
Voyez-vous les Romains prêts à se soulever?

TITUS.
Et qui sait de quel œil ils prendront cette injure?
S'ils parlent, si les cris succèdent au murmure,
Faudra-t-il par le sang justifier mon choix?
S'ils se taisent, madame, et me vendent leurs lois,
A quoi m'exposez-vous? par quelle complaisance
Faudra-t-il quelque jour payer leur patience?
Que n'oseront-ils point alors me demander?
Maintiendrai-je des lois que je ne puis garder?

BÉRÉNICE.
Vous ne comptez pour rien les pleurs de Bérénice!

TITUS.
Je les compte pour rien! Ah ciel! quelle injustice!

BÉRÉNICE.
Quoi! pour d'injustes lois que vous pouvez changer,
En d'éternels chagrins vous-même vous plonger!
Rome a ses droits, seigneur: n'avez-vous pas les vôtres?
Ses intérêts sont-ils plus sacrés que les nôtres?
Dites, parlez.

TITUS.
Hélas! que vous me déchirez!

TRAGÉDIE.

BÉRÉNICE.

Vous êtes empereur, seigneur, et vous pleurez !

TITUS.

Oui, madame, il est vrai, je pleure, je soupire,
Je frémis. Mais enfin, quand j'acceptai l'empire,
Rome me fit jurer de maintenir ses droits.
Il les faut maintenir. Déjà plus d'une fois
Rome a de mes pareils excercé la constance.
Ah ! si vous remontiez jusques à sa naissance,
Vous les verriez toujours à ses ordres soumis :
L'un, jaloux de sa foi, va chez les ennemis
Chercher, avec la mort, la peine toute prête ;
D'un fils victorieux l'autre proscrit la tête ;
L'autre, avec des yeux secs et presque indifférens,
Voit mourir ses deux fils par son ordre expirans.
Malheureux ! Mais toujours la patrie et la gloire
Ont parmi les Romains rémporté la victoire.
Je sais qu'en vous quittant le malheureux Titus
Passe l'austérité de toutes leurs vertus ;
Qu'elle n'approche point de cet effort insigne :
Mais, madame, après tout, me croyez-vous indigne
De laisser un exemple à la postérité,
Qui sans de grands efforts ne puisse être imité ?

BÉRÉNICE.

Non, je crois tout facile à votre barbarie :
Je vous crois digne, ingrat ! de m'arracher la vie.
De tous vos sentimens mon cœur est éclairci.
Je ne vous parle plus de me laisser ici :
Qui ? moi, j'aurais voulu, honteuse et méprisée,
D'un peuple qui me hait soutenir la risée ?
J'ai voulu vous pousser jusques à ce refus.
C'en est fait, et bientôt vous ne me craindrez plus.
N'attendez pas ici que j'éclate en injures,
Que j'atteste le ciel, ennemi des parjures ;
Non : si le ciel encore est touché de mes pleurs,
Je le prie, en mourant, d'oublier mes douleurs.
Si je forme des vœux contre votre injustice,
Si devant que mourir, la triste Bérénice
Vous veut de son trépas laisser quelque vengeur,

Je ne le cherche, ingrat, qu'au fond de votre cœur.
Je sais que tant d'amour n'en peut être effacée;
Que ma douleur présente, et ma bonté passée,
Mon sang qu'en ce palais je veux même verser,
Sont autant d'ennemis que je vais vous laisser:
Et, sans me repentir de ma persévérance,
Je me remets sur eux de toute ma vengeance.
Adieu.

SCENE VI.

TITUS, PAULIN.

PAULIN.

Dans quel dessein vient-elle de sortir,
Seigneur? Est-elle enfin disposée à partir?

TITUS.

Paulin, je suis perdu! je n'y pourrai survivre,
La reine veut mourir. Allons, il faut la suivre.
Courons à son secours.

PAULIN.

Hé quoi! n'avez-vous pas
Ordonné dès tantôt qu'on observe ses pas?
Ses femmes, à toute heure autour d'elle empressées,
Sauront la détourner de ces tristes pensées.
Non, non, ne craignez rien. Voilà les plus grands
　　coups,
Seigneur; continuez, la victoire est à vous.
Je sais que sans pitié vous n'avez pu l'entendre;
Moi-même en la voyant je n'ai pu m'en défendre.
Mais regardez plus loin: songez, en ce malheur,
Quelle gloire va suivre un moment de douleur,
Quels applaudissemens l'univers vous prépare,
Quel rang dans l'avenir...

TITUS.

Non: je suis un barbare.
Moi-même je me hais. Néron, tant détesté,
N'a point à cet excès poussé sa cruauté.
Je ne souffrirai point que Bérénice expire.

Allons, Rome en dira ce qu'elle en voudra dire.
PAULIN.
Quoi, seigneur!
TITUS.
Je ne sais, Paulin, ce que je dis :
L'excès de ma douleur accable mes esprits.
PAULIN.
Ne troublez point le cours de votre renommée:
Déjà de vos adieux la nouvelle est semée;
Rome, qui gémissait, triomphe avec raison;
Tous les temples ouverts fument en votre nom;
Et le peuple, élevant vos vertus jusqu'aux nues,
Va par-tout de lauriers couronner vos statues.
TITUS.
Ah, Rome, Ah, Bérénice! Ah, prince malheureux!
Pourquoi suis-je empereur? Pourquoi suis-je amoureux.

SCÈNE VII.
TITUS, ANTIOCHUS, PAULIN, ARSACE.
ANTIOCHUS.
Qu'avez-vous fait, seigneur? l'aimable Bérénice
Va peut-être expirer dans les bras de Phénice.
Elle n'entend ni pleurs, ni conseil, ni raison;
Elle implore à grands cris le fer et le poison.
Vous seul vous lui pouvez arracher cette envie :
On vous nomme, et ce nom la rappelle à la vie;
Ses yeux toujours tournés vers votre appartement
Semblent vous demander de moment en moment.
Je n'y puis résister, ce spectacle me tue.
Que tardez-vous? allez vous montrer à sa vue.
Sauvez tant de vertus, de graces, de beauté,
Ou renoncez, seigneur, à toute humanité.
Dites un mot.
TITUS.
Hélas! quel mot puis-je lui dire?
Moi-même en ce moment sais-je si je respire?

SCENE VIII.
TITUS, ANTIOCHUS, PAULIN, ARSACE, RUTILE.

RUTILE.
Seigneur, tous les tribuns, les consuls, le sénat,
Viennent vous demander au nom de tout l'état:
Un grand peuple les suit, qui, plein d'impatience,
Dans votre appartement attend votre présence.

TITUS.
Je vous entends, grands dieux, vous voulez rassurer
Ce cœur que vous voyez tout prêt à s'égarer.

PAULIN.
Venez, seigneur, passons dans la chambre prochaine,
Allons voir le sénat.

ANTIOCHUS.
    Ah! courez chez la reine.

PAULIN.
Quoi! vous pourriez, seigneur, par cette indignité,
De l'empire à vos pieds fouler la majesté?
Rome...

TITUS.
  Il suffit, Paulin; nous allons les entendre.
 (*à Antiochus.*)
Prince, de ce devoir je ne puis me défendre.
Voyez la reine. Allez. J'espère, à mon retour,
Qu'elle ne pourra plus douter de mon amour.

Fin du quatrième Acte.

ACTE V.

SCENE PREMIERE.
ARSACE.

Ou pourrai-je trouver ce prince trop fidèle ?
Ciel, conduisez mes pas, et secondez mon zèle :
Faites qu'en ce moment je lui puisse annoncer
Un bonheur où peut-être il n'ose plus penser ?

SCENE II.
ANTIOCHUS, ARSACE.

ARSACE.
Ah ! quel heureux destin en ces lieux vous renvoie,
Seigneur !
ANTIOCHUS.
Si mon retour t'apporte quelque joie,
Arsace, rends-en grace à mon seul désespoir.
ARSACE.
La reine part, seigneur.
ANTIOCHUS.
Elle part ?
ARSACE.
Dès ce soir :
Ses ordres sont donnés. Elle s'est offensée
Que Titus à ses pleurs l'ait si long-temps laissée.
Un généreux dépit succède à sa fureur,
Bérénice renonce à Rome, à l'empereur,
Et même veut partir avant que Rome instruite
Puisse voir son désordre et jouir de sa fuite.
Elle écrit à César.

ANTIOCHUS.

Oh ciel ! qui l'aurait cru ?
Et Titus ?

ARSACE.

A ses yeux Titus n'a point paru.
Le peuple avec transport l'arrête et l'environne,
Applaudissant aux noms que le sénat lui donne ;
Et ces noms, ces respects, ces applaudissemens,
Deviennent pour Titus autant d'engagemens,
Qui, le liant, seigneur, d'une honorable chaîne,
Malgré tous ses soupirs, et les pleurs de la reine,
Fixent dans son devoir ses vœux irrésolus.
C'en est fait ; et peut-être il ne la verra plus.

ANTIOCHUS.

Que de sujets d'espoir, Arsace ! je l'avoue :
Mais d'un soin si cruel la fortune me joue,
J'ai vu tous mes projets tant de fois démentis,
Que j'écoute en tremblant tout ce que tu me dis ;
Et mon cœur, prévenu d'une crainte importune,
Croit, même en espérant, irriter la fortune.
Mais que vois-je ? Titus porte vers nous ses pas !
Que veut-il ?

SCENE III.

TITUS, ANTIOCHUS, ARSACE.

TITUS, *à sa suite*.

Demeurez : qu'on ne me suive pas.
(*à Antiochus.*)
Enfin, prince, je viens dégager ma promesse.
Bérénice m'occupe et m'afflige sans cesse :
Je viens, le cœur percé de vos pleurs et des siens,
Calmer des déplaisirs moins cruels que les miens.
Venez, prince, venez, je veux bien que vous-même
Pour la dernière fois vous voyiez si je l'aime.

SCÈNE IV.

ANTIOCHUS, ARSACE.

ANTIOCHUS.

Hé bien ! voilà l'espoir que tu m'avais rendu !
Et tu vois le triomphe ou j'étais attendu !
Bérénice partait justement irrité !
Pour ne la plus revoir Titus l'avait quittée !
Qu'ai-je donc fait, grands dieux ! quel cours infortuné
A ma funeste vie aviez-vous destiné ?
Tous mes momens ne sont qu'un éternel passage
De la crainte à l'espoir, de l'espoir à la rage.
Et je respire encor ! Bérénice ! Titus !
Dieux cruels ! de mes pleurs vous ne vous rirez plus.

SCENE V.

TITUS, BÉRENICE, PHENICE.

BÉRÉNICE.

Non, je n'écoute rien. Me voilà résolue ;
Je veux partir. Pourquoi vous montrer à ma vue ?
Pourquoi venir encore aigrir mon désespoir ?
N'êtes-vous pas content ? Je ne veux plus vous voir.

TITUS.

Mais, de grace, écoutez.

BÉRÉNICE.

Il n'est plus temps.

TITUS.

Madame,
Un mot.

BÉRÉNICE.

Non.

TITUS.

Dans quel trouble elle jette mon ame ?
Ma princesse, d'où vient ce changement soudain ?

BÉRÉNICE.
C'en est fait. Vous voulez que je parte demain ;
Et moi j'ai résolu de partir tout à l'heure :
Et je pars.
TITUS.
Demeurez.
BÉRÉNICE.
Ingrat ! que je demeure ?
Et pourquoi ! pour entendre un peuple injurieux
Qui fait de mon malheur retentir tous ces lieux ?
Ne l'entendez-vous pas cette cruelle joie,
Tandis que dans les pleurs moi seule je me noie ?
Quel crime, quelle offense a pu les animer ?
Hélas ! et qu'ai-je fait que de vous trop aimer ?
TITUS.
Ecoutez-vous, madame, une foule insensée ?
BÉRÉNICE.
Je ne vois rien ici dont je ne sois blessée.
Tout cet appartement préparé par vos soins,
Ces lieux, de mon amour si long-temps les témoins,
Qui semblaient pour jamais me répondre du vôtre,
Ces festons, où nos noms enlacés l'un dans l'autre
A mes tristes regards viennent par-tout s'offrir,
Sont autant d'imposteurs que je ne puis souffrir.
Allons, Phénice.
TITUS.
Oh ciel ! que vous êtes injuste ?
BÉRÉNICE.
Retournez, retournez vers ce sénat auguste
Qui vient vous applaudir de votre cruauté.
Hé bien ! avec plaisir l'avez-vous écouté ?
Etes-vous pleinement content de votre gloire ?
Avez-vous bien promis d'oublier ma mémoire ?
Mais ce n'est pas assez expier vos amours :
Avez-vous bien promis de me haïr toujours ?
TITUS.
Non, je n'ai rien promis. Moi, que je vous haïsse ?
Que je puisse jamais oublier Bérénice !
Ah dieux ! dans quel moment son injuste rigueur

De ce cruel soupçon vient affliger mon cœur !
Connaissez-moi, madame, et depuis cinq années
Comptez tous les momens et toutes les journées
Où, par plus de transports et par plus de soupirs,
Je vous ai de mon cœur exprimé les désirs ;
Ce jour surpasse tout. Jamais, je le confesse,
Vous ne fûtes aimée avec tant de tendresse,
Et jamais...

BÉRÉNICE.

Vous m'aimez, vous me le soutenez ;
Et cependant je pars ; et vous me l'ordonnez !
Quoi ! dans mon désespoir trouvez-vous tant de charmes ?
Craignez-vous que mes yeux versent trop peu de larmes ?
Que me sert de ce cœur l'inutile retour ?
Ah, cruel ! par pitié montrez-moi moins d'amour :
Ne me rappelez point une trop chère idée ;
Et laissez-moi du moins partir persuadée
Que, déjà de votre ame exilée en secret,
J'abandonne un ingrat qui me perd sans regret.
(*Titus lit une lettre.*)
Vous m'avez arraché ce que je viens d'écrire.
Voilà de votre amour tout ce que je désire ;
Lisez, ingrat, lisez, et me laissez sortir.

TITUS.

Vous ne sortirez point, je n'y puis consentir.
Quoi ! ce départ n'est donc qu'un cruel stratagème !
Vous cherchez à mourir ! et de tout ce que j'aime
Il ne restera plus qu'un triste souvenir !
Qu'on cherche Antiochus ; qu'on le fasse venir.
(*Bérénice se laisse tomber sur un siège.*)

SCENE VI.

TITUS, BERENICE.

TITUS.

Madame, il faut vous faire un aveu véritable.
Lorsque j'envisageai le moment redoutable

Où pressé par les lois d'un austère devoir,
Il fallait pour jamais renoncer à vous voir ;
Quand de ce triste adieu je prévis les approches,
Mes craintes, mes combats, vos larmes, vos reproches.
Je préparai mon ame à toutes les douleurs
Que peut faire sentir le plus grand des malheurs :
Mais, quoi que je craignisse, il faut que je le die,
Je n'en avais prévu que la moindre partie ;
Je croyais ma vertu moins prête à succomber,
Et j'ai honte du trouble où je la vois tomber.
J'ai vu devant mes yeux Rome entière assemblée ;
Le sénat m'a parlé : mais mon ame accablée
Ecoutait sans entendre, et ne leur a laissé,
Pour prix de leurs transports, qu'un silence glacé.
Rome de votre sort est encore incertaine :
Moi-même à tous momens je me souviens à peine
Si je suis empereur, ou si je suis Romain.
Je suis venu vers vous sans savoir mon dessein :
Mon amour m'entraînait, et je venais peut-être
Pour me chercher moi-même, et pour me reconnaître ;
Qu'ai-je trouvé ? Je vois la mort peinte en vos yeux ;
Je vois pour la chercher que vous quittez ces lieux.
C'en est trop. Ma douleur, à cette triste vue,
A son dernier excès est enfin parvenue :
Je ressens tous les maux que je puis ressentir.
Mais je vois le chemin par où j'en puis sortir.
Ne vous attendez point que, las de tant d'alarmes,
Par un heureux hymen je tarisse vos larmes ;
En quelque extrémité que vous m'ayez réduit.
Ma gloire inexorable à toute heure me suit ;
Sans cesse elle présente à mon ame étonnée
L'empire incompatible avec votre hymenée,
Me dit qu'après l'éclat et les pas que j'ai faits
Je dois vous épouser encor moins que jamais.
　Oui, madame, et je dois moins encore vous dire
Que je suis prêt pour vous d'abandonner l'empire,
De vous suivre, et d'aller, trop content de mes fers,

Soupirer avec vous au bout de l'univers :
Vous-même rougiriez de ma lâche conduite :
Vous verriez à regret marcher à votre suite
Un indigne empereur sans empire, sans cour,
Vil spectacle aux humains des faiblesses d'amour.
Pour sortir des tourmens dont mon ame est la proie,
Il est, vous le savez, une plus noble voie ;
Je me suis vu, madame, enseigner ce chemin
Et par plus d'un héros et par plus d'un Romain :
Lorsque trop de malheurs ont lassé leur constance,
Ils ont tous expliqué cette persévérance
Dont le sort s'attachait à les persécuter
Comme un ordre secret de n'y plus résister.
Si vos pleurs plus long-temps viennent frapper ma vue,
Si toujours à mourir je vous vois résolue,
S'il faut qu'à tous momens je tremble par vos jours,
Si vous ne me jurez d'en respecter le cours,
Madame, à d'autres pleurs vous devez vous attendre ;
En l'état où je suis je puis tout entreprendre ;
Et je ne réponds pas que ma main à vos yeux
N'ensanglante à la fin nos funestes adieux.

BÉRÉNICE.

Hélas !

TITUS.

Non, il n'est rien dont je ne sois capable,
Vous voilà de mes jours maintenant responsable :
Songez-y bien, madame, et si je vous suis cher...

SCÈNE VII.

TITUS, BERENICE, ANTIOCHUS.

TITUS.

Venez, prince, venez, je vous ai fait chercher.
Soyez ici témoin de toute ma faiblesse,
Voyez si c'est aimer avec peu de tendresse.
Jugez-nous.

ANTIOCHUS.

Je crois tout : je vous connais tous deux.
Mais connaissez vous-même un prince malheureux.
Vous m'avez honoré, seigneur, de votre estime;
Et moi, je puis ici vous le jurer sans crime,
A vos plus chers amis j'ai disputé ce rang ;
Je l'ai disputé même aux dépens de mon sang.
Vous m'avez malgré moi confié, l'un et l'autre,
La reine, son amour, et vous, seigneur, le vôtre.
La reine qui m'entend peut me désavouer ;
Elle m'a vu toujours, ardent à vous louer,
Répondre par mes soins à votre confidence.
Vous croyez m'en devoir quelque reconnaissance,
Mais le pourriez-vous croire, en ce moment fatal,
Qu'un ami si fidèle était votre rival ?

TITUS.

Mon rival ?

ANTIOCHUS.

Il est temps que je vous éclaircisse.
Oui, seigneur, j'ai toujours adoré Bérénice.
Pour ne la plus aimer j'ai cent fois combattu :
Je n'ai pu l'oublier, au moins je me suis tu.
De votre changement la flatteuse apparence
M'avait rendu tantôt quelque faible espérance.
Les larmes de la reine ont éteint cet espoir.
Ses yeux, baignés de pleurs, demandaient à vous voir :
Je suis venu, seigneur, vous appeler moi-même.
Vous êtes revenu. Vous aimez, on vous aime ;
Vous vous êtes rendu : je n'en ai point douté.
Pour la dernière fois je me suis consulté ;
J'ai fait de mon courage une épreuve dernière ;
Je viens de rappeler ma raison toute entière :
Jamais je ne me suis senti plus amoureux.
Il faut d'autres efforts pour rompre tant de nœuds ;
Ce n'est qu'en expirant que je puis les détruire :
J'y cours. Voilà de quoi j'ai voulu vous instruire,
Oui, madame, vers vous j'ai rappelé ses pas ;

Mes soins ont réussi ; je ne m'en repens pas.
Puisse le ciel verser sur toutes vos années
Mille prospérités l'une à l'autre enchaînées !
Ou, s'il vous garde encore un reste de courroux,
Je conjure les dieux d'épuiser tous les coups
Qui pourraient menacer une si belle vie,
Sur ces jours malheureux que je vous sacrifie.
   BÉRÉNICE, *se levant.*
Arrêtez, arrêtez ! Princes trop généreux,
En quelle extrémité me jetez-vous tous deux!
Soit que je vous regarde, ou que je l'envisage,
Par-tout du désespoir je rencontre l'image ;
Je ne vois que des pleurs, et je n'entends parler
Que de trouble, d'horreurs, de sang prêt à couler.
   (*à Titus.*)
Mon cœur vous est connu, seigneur, et je puis dire
Qu'on ne l'a jamais vu soupirer pour l'empire :
La grandeur des Romains, la pourpre des Césars.
N'a point, vous le savez, attiré mes regards.
J'aimais, seigneur, j'aimais, je voulais être aimée.
Ce jour, je l'avourai, je me suis alarmée ;
J'ai cru que votre amour allait finir son cours :
Je connais mon erreur, et vous m'aimez toujours.
Votre cœur s'est troublé, j'ai vu couler vos larmes.
Bérénice, seigneur, ne vaut point tant d'alarmes.
Ni que par votre amour l'univers malheureux,
Dans le temps que Titus attire tous ses vœux,
Et que de vos vertus il goûte les prémices,
Se voir en un moment enlever ses délices.
Je crois, depuis cinq ans jusqu'à ce dernier jour,
Vous avoir assuré d'un véritable amour :
Ce n'est pas tout ; je veux, en ce moment funeste,
Par un dernier effort couronner tout le reste :
Je vivrai, je suivrai vos ordres absolus.
Adieu, seigneur. Régnez ; je ne vous verrai plus.
   (*à Antiochus.*)
Prince, après cet adieu, vous jugez bien vous-même
Que je ne consens pas de quitter ce que j'aime
Pour aller loin de Rome écouter d'autres vœux.

Vivez, et faites-vous un effort généreux.
Sur Titus et sur moi réglez votre conduite :
Je l'aime, je le fuis ; Titus m'aime, il me quitte :
Portez loin de mes yeux vos soupirs et vos fers.
Adieu. Servons tous trois d'exemple à l'univers
De l'amour la plus tendre et la plus malheureuse
Dont il puisse garder l'histoire douloureuse.
Tout est prêt. On m'attend. Ne suivez point mes pas.
    (à Titus.)
Pour la dernière fois, adieu, seigneur.
ANTIOCHUS.
Hélas !

FIN DE BÉRÉNICE.

BAJAZET,
TRAGÉDIE.
1672.

PERSONNAGES.

BAJAZET, frère du sultan Amurat.

ROXANE, sultane favorite du sultan Amurat.

ATALIDE, fille du sang ottoman.

ACOMAT, grand-visir.

OSMIN, confident du grand-visir.

ZATIME, esclave de la sultane.

ZAIRE, esclave d'Atalide.

GARDES.

La scène est à Constantinople, autrement dite Byzance, dans le sérail du grand-seigneur.

BAJAZET,
TRAGÉDIE.

ACTE PREMIER.

SCÈNE PREMIÈRE.
ACOMAT, OSMIN.

ACOMAT.

Viens, suis-moi. La sultane en ce lieu se doit rendre :
Je pourrai cependant te parler et t'entendre.
OSMIN.
Et depuis quand, seigneur, entre-t-on dans ces lieux
Dont l'accès était même interdit à nos yeux ?
Jadis une mort prompte eût suivi cette audace.
ACOMAT.
Quand tu seras instruit de tout ce qui se passe,
Mon entrée en ces lieux ne te surprendra plus.
Mais laissons, cher Osmin, les discours superflus.
 Que ton retour tardait à mon impatience !
Et que d'un œil content je te vois dans Byzance !
Instruis-moi des secrets que peut t'avoir appris
Un voyage si long pour moi seul entrepris.
De ce qu'ont vu tes yeux parle en témoin sincère ;
Songe que du récit, Osmin, que tu vas faire
Dépendent les destins de l'empire ottoman.
Qu'as-tu vu dans l'armée ? et que fait le sultan ?
OSMIN.
Babylone, seigneur, à son prince fidèle,
Voyait sans s'étonner notre armée autour d'elle ;

Les Persans rassemblés marchaient à son secours,
Et du camp d'Amurat s'approchaient tous les jours.
Lui-même, fatigué d'un long siège inutile,
Semblait vouloir laisser Babylone tranquille;
Et, sans renouveler ses assauts impuissans,
Résolu de combattre, attendait les Persans.
Mais, comme vous savez, malgré ma diligence,
Un long chemin sépare et le camp et Byzance;
Mille obstacles divers m'ont même traversé :
Et je puis ignorer tout ce qui s'est passé.

ACOMAT.

Que faisaient cependant nos braves janissaires?
Rendent-ils au sultan des hommages sincères?
Dans le secret des cœurs, Osmin, n'as-tu rien lu?
Amurat jouit-il d'un pouvoir absolu !

OSMIN.

Amurat est content, si nous le voulons croire,
Et semblait se promettre une heureuse victoire.
Mais en vain par ce calme il croit nous éblouir,
Il affecte un repos dont il ne peut jouir.
C'est en vain que, forçant ses soupçons ordinaires,
Il se rend accessible à tous les janissaires :
Il se souvient toujours que son inimitié
Voulut de ce grand corps retrancher la moitié,
Lorsque, pour affermir sa puissance nouvelle,
Il voulait, disait-il, sortir de leur tutelle.
Moi-même j'ai souvent entendu leurs discours ;
Comme il les craint sans cesse, ils le craignent toujours :
Ses caresses n'ont point effacé cette injure.
Votre absence est pour eux un sujet de murmure :
Ils regrettent le temps à leur grand cœur si doux,
Lorsqu'assurés de vaincre ils combattaient sous vous.

ACOMAT.

Quoi! tu crois, cher Osmin, que ma gloire passée
Flatte encor leur valeur, et vit dans leur pensée?
Crois-tu qu'ils me suivraient encore avec plaisir
Et qu'ils reconnaîtraient la voix de leur visir?

OSMIN.

TRAGÉDIE.

OSMIN.
Le succès du combat règlera leur conduite :
Il faut voir du sultan la victoire ou la fuite.
Quoiqu'à regret, seigneur, ils marchent sous ses lois,
Ils ont à soutenir le bruit de leurs exploits :
Ils ne trahiront point l'honneur de tant d'années.
Mais enfin le succès dépend des destinées.
Si l'heureux Amurat, secondant leur grand cœur
Aux champs de Babylone est déclaré vainqueur,
Vous les verrez soumis rapporter dans Byzance
L'exemple d'une aveugle et basse obéissance :
Mais si dans le combat le destin plus puissant
Marque de quelque affront son empire naissant,
S'il fuit ; ne doutez point que, fiers de sa disgrace,
A la haine bientôt ils ne joignent l'audace,
Et n'expliquent, seigneur, la perte du combat
Comme un arrêt du ciel qui réprouve Amurat.
Cependant, s'il en faut croire la renommée,
Il a depuis trois mois fait partir de l'armée
Un esclave chargé de quelque ordre secret.
Tout le camp interdit tremblait pour Bajazet :
On craignait qu'Amurat, par un ordre sévère,
N'envoyât demander la tête de son frère.

ACOMAT.
Tel était son dessein. Cet esclave est venu :
Il a montré son ordre ; il n'a rien obtenu.

OSMIN.
Quoi, seigneur ! le sultan reverra son visage,
Sans que de vos respects il lui porte ce gage ?

ACOMAT.
Cet esclave n'est plus : un ordre, cher Osmin,
L'a fait précipiter dans le fond de l'Euxin.

OSMIN.
Mais le sultan, surpris d'une trop longue absence,
En cherchera bientôt la cause et la vengeance.
Que lui répondrez-vous ?

ACOMAT.
    Peut-être avant ce temps
Je saurai l'occuper de soins plus importans.

Tome II.   H

Je sais bien qu'Amurat a juré ma ruine :
Je sais à son retour l'accueil qu'il me destine.
Tu vois, pour m'arracher du cœur de ses soldats,
Qu'il va chercher sans moi les sièges, les combats :
Il commande l'armée ; et moi, dans une ville
Il me laisse exercer un pouvoir inutile.
Quel emploi, quel séjour, Osmin, pour un visir :
Mais j'ai plus dignement employé ce loisir :
J'ai su lui préparer des craintes et des veilles ;
Et le bruit en ira bientôt à ses oreilles.

OSMIN.

Quoi donc? qu'avez-vous fait?

ACOMAT.

J'espère qu'aujourd'hui
Bajazet se déclare, et Roxane avec lui.

OSMIN.

Quoi ! Roxane, seigneur, qu'Amurat a choisie
Entre tant de beautés dont l'Europe et l'Asie
Dépeuplent leurs états et remplissent sa cour ?
Car on dit qu'elle seule a fixé son amour ;
Et même il a voulu que l'heureuse Roxane,
Avant qu'elle eût un fils, prît le nom de Sultane.

ACOMAT.

Il a fait plus pour elle, Osmin : il a voulu
Qu'elle eût dans son absence un pouvoir absolu.
Tu sais de nos sultans les rigueurs ordinaires :
Le frère rarement laisse jouir ses frères
De l'honneur dangereux d'être sortis d'un sang
Qui les a de trop près approchés de son rang.
L'imbécille Ibrahim, sans craindre sa naissance,
Traine, exempt de péril, une éternelle enfance :
Indigne également de vivre et de mourir,
On l'abandonne aux mains qui daignent le nourrir.
L'autre, trop redoutable, et trop digne d'envie,
Voit sans cesse Amurat armé contre sa vie.
Car enfin Bajazet dédaigna de tout temps
La molle oisiveté des enfans des sultans:
Il vint chercher la guerre au sortir de l'enfance,
Et même en fit sous moi la noble expérience.

Toi-même tu l'as vu courrir dans les combats,
Emporter après lui tous les cœurs des soldats,
Et goûter, tout sanglant, le plaisir et la gloire
Que donne aux jeunes cœurs la première victoire.
Mais, malgré ses soupçons, le cruel Amurat,
Avant qu'un fils naissant eût rassuré l'état,
N'osait sacrifier ce frère à sa vengeance,
Ni du sang ottoman proscrire l'espérance.
Ainsi donc pour un temps Amurat désarmé
Laissa dans le sérail Bajazet enfermé.
Il partit, et voulut que, fidèle à sa haine,
Et des jours de son frère arbitre souveraine,
Roxane, au moindre bruit, et sans autres raisons,
Le fit sacrifier à ses moindres soupçons.
Pour moi, demeuré seul, une juste colère
Tourna bientôt mes vœux du côté de son frère.
J'entretins la sultane et, cachant mon dessein ;
Lui montrai d'Amurat le retour incertain,
Les murmures du camp, la fortune des armes :
Je plaignis Bajazet ; je lui vantai ses charmes,
Qui, par un soin jaloux dans l'ombre retenus,
Si voisins de ses yeux, leur étaient inconnus.
Que te dirai-je enfin ? la sultane éperdue
N'eut plus d'autre désir que celui de sa vue.

OSMIN.

Mais pouvaient-ils tromper tant de jaloux regards
Qui semblent mettre entre eux d'invincibles rem-
    parts ?

ACOMAT.

Peut-être il te souvient qu'un récit peu fidèle
De la mort d'Amurat fit courir la nouvelle.
La sultane, à ce bruit feignant de s'effrayer,
Par des cris douloureux eut soin de l'appuyer.
Sur la foi de ses pleurs ses esclaves tremblèrent ;
De l'heureux Bajazet les gardes se troublèrent ;
Et les dons achevant d'ébranler leur devoir,
Leurs captifs dans ce trouble osèrent s'entrevoir,
Roxane vit le prince ; elle ne put lui taire
L'ordre dont elle seule était dépositaire.

Bajazet est aimable ; il vit que son salut
Dépendait de lui plaire ; et bientôt il lui plut.
Tout conspirait pour lui : ses soins sa complaisance,
Ce secret découvert, et cette intelligence,
Soupirs d'autant plus doux qu'il les fallait celer,
L'embarras irritant de ne s'oser parler,
Même témérité, périls, craintes communes,
Lièrent pour jamais leurs cœurs et leurs fortunes.
Ceux mêmes dont les yeux les devaient éclairer,
Sortis de leur devoir, n'osèrent y rentrer.
OSMIN.
Quoi ! Roxane d'abord leur découvrant son ame
Osa-t-elle à leurs yeux faire éclater sa flamme ?
ACOMAT.
Ils l'ignorent encor ; et jusques à ce jour
Atalide a prêté son nom à cet amour.
Du père d'Amurat Atalide est la nièce :
Et même avec ses fils partageant sa tendresse,
Elle a vu son enfance élevée avec eux.
Du prince, en apparence, elle reçoit les vœux ;
Mais elle les reçoit pour les rendre à Roxane,
Et veut bien, sous son nom, qu'il aime la sultane.
Cependant, cher Osmin, pour s'appuyer de moi
L'un et l'autre ont promis Atalide à ma foi.
OSMIN.
Quoi ! vous l'aimez, seigneur ?
ACOMAT.
     Voudrais-tu qu'à mon âge
Je fisse de l'amour le vil apprentissage ?
Qu'un cœur qu'ont endurci la fatigue et les ans
Suivit d'un vain plaisir les conseils imprudens ?
C'est par d'autres attraits qu'elle plaît à ma vue :
J'aime en elle le sang dont elle est descendue.
Par elle Bajazet, en m'approchant de lui,
Me va contre lui-même assurer un appui.
Un visir aux sultans fait toujours quelque ombrage ;
A peine ils l'ont choisi qu'ils craignent leur ouvrage :
Sa dépouille est un bien qu'ils veulent recueillir,
Et jamais leurs chagrins ne nous laissent vieillir.

Bajazet aujourd'hui m'honoré et me caresse ;
Ses périls tous les jours réveillent sa tendresse :
Ce même Bajazet, sur le trône affermi,
Méconnaîtra peut-être un inutile ami.
Et moi, si mon devoir, si ma foi ne l'arrête,
S'il ose quelque jour me demander ma tête....
Je ne m'explique point, Osmin, mais je prétends
Que du moins il faudra la demander long-temps.
Je sais rendre aux sultans de fidèles services ;
Mais je laisse au vulgaire adorer leurs caprices,
Et ne me pique point du scrupule insensé
De bénir mon trépas quand ils l'ont prononcé.
    Voilà donc de ces lieux ce qui m'ouvre l'entrée,
Et comme enfin Roxane à mes yeux s'est montrée.
Invisible d'abord elle entendait ma voix,
Et craignait du sérail les rigoureuses lois ;
Mais enfin, bannissant cette importune crainte
Qui dans nos entretiens jetait trop de contrainte,
Elle-même a choisi cet endroit écarté,
Où nos cœurs à nos yeux parlent en liberté.
Par un chemin obscur un esclave me guide,
Et... Mais on vient. C'est elle et sa chere Atalide.
Demeure ; et, s'il le faut, sois prêt à confirmer
Le récit important dont je vais l'informer.

SCENE II.

ROXANE, ATALIDE, ACOMAT, ZATIME, ZAIRE, OSMIN.

ACOMAT.

La vérité s'accorde avec la renommée,
Madame. Osmin a vu le sultan et l'armée,
Le superbe Amurat est toujours inquiet ;
Et toujours tous les cœurs penchent vers Bajazet :
D'une commune voix ils l'appellent au trône.
Cependant les Persans marchaient vers Babylone,
Et bientôt les deux camps au pied de son rempart

Devaient de la bataille éprouver le hasard.
Ce combat doit, dit-on, fixer nos destinées ;
Et même, si d'Osmin je compte les journées,
Le ciel en a déjà réglé l'évènement,
Et le sultan triomphe ou fuit en ce moment.
Déclarons-nous, madame, et rompons le silence :
Fermons-lui dès ce jour les portes de Byzance ;
Et sans nous informer s'il triomphe ou s'il fuit,
Croyez-moi, hâtons-nous d'en prévenir le bruit.
S'il fuit que craignez-vous ? s'il triomphe au contraire,
Le conseil le plus prompt et le plus salutaire :
Vous voudrez, mais trop tard, soustraire à son pouvoir
Un peuple dans ses murs prêt à le recevoir.
Pour moi, j'ai su déjà par mes brigues secrètes
Gagner de notre loi les sacrés interprètes :
Je sais combien, crédule en sa dévotion,
Le peuple suit le frein de la religion.
Souffrez que Bajazet voie enfin la lumière :
Des murs de ce palais ouvrez-lui la barrière ;
Déployez en son nom cet étendard fatal,
Des extrêmes périls l'ordinaire signal.
Les peuples, prévenus de ce nom favorable,
Savent que sa vertu le rend seule coupable.
D'ailleurs, un bruit confus, par mes soins confirmé,
Fait croire heureusement à ce peuple alarmé
Qu'Amurat le dédaigne, et veut loin de Byzance
Transporter désormais son trône et sa présence.
Déclarons le péril dont son frère est pressé,
Montrons l'ordre cruel qui vous fut adressé :
Sur-tout qu'il se déclare et se montre lui-même,
Et fasse voir ce front digne du diadème.

ROXANE.

Il suffit. Je tiendrai tout ce que j'ai promis.
Allez, brave Acomat, assembler vos amis :
De tous leurs sentimens venez me rendre compte ;
Je vous rendrai moi-même une réponse prompte.
Je verrai Bajazet. Je ne puis dire rien
Sans savoir si son cœur s'accorde avec le mien.
Allez ; et revenez.

SCENE III.

ROXANE, ATALIDE, ZATIME, ZAIRE.

ROXANE.
Enfin, belle Atalide,
Il faut de nos destins que Bajazet décide.
Pour la dernière fois je le vais consulter :
Je vais savoir s'il m'aime.
ATALIDE.
Est-il temps d'en douter,
Madame ? Hâtez-vous d'achever votre ouvrage.
Vous avez du visir entendu le langage :
Bajazet vous est cher : savez-vous si demain
Sa liberté, ses jours seront en votre main ?
Peut-être en ce moment Amurat en furie
S'approche pour trancher une si belle vie.
Et pourquoi de son cœur doutez-vous aujourd'hui ?
ROXANE.
Mais m'en répondez-vous, vous qui parlez pour lui ?
ATALIDE.
Quoi, madame ! les soins qu'il a pris pour vous plaire,
Ce que vous avez fait, ce que vous pouvez faire,
Ses périls, ses respects, et sur-tout vos appas,
Tout cela de son cœur ne vous répond-il pas ?
Croyez que vos bontés vivent dans sa mémoire.
ROXANE.
Hélas ! pour mon repos que ne le puis-je croire !
Pourquoi faut-il au moins que, pour me consoler,
L'ingrat ne parle pas comme on le fait parler !
Vingt fois, sur vos discours pleine de confiance,
Du trouble de son cœur jouissant par avance,
Moi-même, j'ai voulu m'assurer de sa foi
Et l'ai fait en secret amener devant moi.
Peut-être trop d'amour me rend trop difficile :
Mais, sans vous fatiguer d'un récit inutile,
Je ne retrouvais point ce trouble, cette ardeur,
Que m'avait tant promis un discours trop flatteur.

Enfin, si je lui donne et la vie et l'empire,
Ces gages incertains ne me peuvent suffire.
ATALIDE.
Quoi donc ! à son amour qu'allez-vous proposer ?
ROXANE.
S'il m'aime, dès ce jour il me doit épouser.
ATALIDE.
Vous épouser ! Oh ciel ! que prétendez-vous faire ?
ROXANE.
Je sais que des sultans l'usage m'est contraire ;
Je sais qu'ils se sont fait une superbe loi
De ne point à l'hymen assujettir leur foi.
Parmi tant de beautés qui briguent leur tendresse,
Ils daignent quelquefois choisir une maitresse :
Mais, toujours inquiète avec tous ses appas,
Esclave, elle reçoit son maître dans ses bras ;
Et, sans sortir du joug où leur loi la condamne,
Il faut qu'un fils naissant la déclare sultane.
Amurat plus ardent, et seul jusqu'à ce jour,
A voulu que l'on dût ce titre à son amour.
J'en reçus la puissance aussi-bien que le titre ;
Et des jours de son frère il me laissa l'arbitre.
Mais ce même Amurat ne me promit jamais
Que l'hymen dût un jour couronner ses bienfaits :
Et moi, qui n'aspirais qu'à cette seule gloire,
De ses autres bienfaits j'ai perdu la mémoire.
Toutefois que sert-il de me justifier ?
Bajazet, il est vrai, m'a tout fait oublier :
Malgré tous ses malheurs, plus heureux que son
    frère,
Il m'a plu, sans peut-être aspirer à me plaire ;
Femmes, gardes, visir, pour lui j'ai tout séduit ;
En un mot, vous voyez jusqu'où je l'ai conduit.
Graces à mon amour, je me suis bien servie
Du pouvoir qu'Amurat me donna sur sa vie.
Bajazet touche presque au trône des sultans :
Il ne faut plus qu'un pas : mais c'est où je l'attends.
Malgré tout mon amour, si dans cette journée
Il ne m'attache à lui par un juste hyménée ;

S'il ose m'alléguer une odieuse loi ;
Quand je fais tout pour lui, s'il ne fait tout pour moi;
Dès le même moment, sans songer si je l'aime,
Sans consulter enfin si je me perds moi-même,
J'abandonne l'ingrat, et le laisse rentrer
Dans l'état malheureux d'où je l'ai su tirer.
Voilà sur quoi je veux que Bajazet prononce :
Sa perte ou son salut dépend de sa réponse.
Je ne vous presse point de vouloir aujourd'hui
Me prêter votre voix pour m'expliquer à lui :
Je veux que, devant moi, sa bouche et son visage
Me découvrent son cœur, sans me laisser d'ombrage;
Que lui-même, en secret amené dans ces lieux,
Sans être préparé se présente à mes yeux.
Adieu. Vous saurez tout après cette entrevue.

SCENE IV.

ATALIDE, ZAIRE.

ATALIDE.

Zaïre, c'en est fait, Atalide est perdue !

ZAÏRE.

Vous ?

ATALIDE.

Je prévois déjà tout ce qu'il faut prévoir.
Mon unique espérance est dans mon désespoir.

ZAÏRE.

Mais, Madame, pourquoi ?

ATALIDE.

Si tu venais d'entendre
Quel funeste dessein Roxane vient de prendre,
Quelles conditions elle veut imposer !
Bajazet doit périr, dit-elle, ou l'épouser.
S'il se rend, que deviens-je en ce malheur extrême ?
Et, s'il ne se rend pas, que devient-il lui-même ?

ZAÏRE.

Je conçois ce malheur. Mais, à ne point mentir
Votre amour dès long-temps a dû le pressentir.

ATALIDE.

Ah, Zaïre! l'amour a-t-il tant de prudence?
Tout semblait avec nous être d'intelligence :
Roxane, se livrant tout entière à ma foi,
Du cœur de Bajazet se reposait sur moi,
M'abandonnait le soin de tout ce qui le touche,
Le voyait par mes yeux, lui parlait par ma bouche;
Et je croyais toucher au bienheureux moment
Où j'allais par ses mains couronner mon amant.
Le ciel s'est déclaré contre mon artifice.
Et que fallait-il donc, Zaïre, que je fisse ?
A l'erreur de Roxane ai-je dû m'opposer,
Et perdre mon amant pour la désabuser ?
Avant que dans son cœur cette amour fut formée,
J'aimais, et je pouvais m'assurer d'être aimée.
Dès nos plus jeunes ans, tu t'en souviens assez,
L'amour serra les nœuds par le sang commencés.
Elevée avec lui dans le sein de sa mère,
J'appris à distinguer Bajazet de son frère;
Elle-même, avec joie, unit nos volontés :
Et quoiqu'après sa mort l'un de l'autre écartés,
Conservant, sans nous voir, le désir de nous plaire,
Nous avons su toujours nous aimer et nous taire.
Roxane, qui depuis, loin de s'en défier,
A ses desseins secrets voulut m'associer,
Ne put voir sans amour ce héros trop aimable:
Elle courut lui tendre une main favorable.
Bajazet étonné rendit grace à ses soins,
Lui rendit des respects. Pouvait-il faire moins?
Mais qu'aisément l'amour croit tout ce qu'il souhaite,
De ses moindres respects Roxane satisfaite
Nous engagea tous deux, par sa facilité,
A la laisser jouir de sa crédulité.
Zaïre, il faut pourtant avouer ma faiblesse;
D'un mouvement jaloux je ne fus pas maîtresse.
Ma rivale, accablant mon amant de bienfaits,
Opposait un empire à mes faibles attraits;
Mille soins la rendaient présente à sa mémoire;
Elle l'entretenait de sa prochaine gloire:

Et moi, je ne puis rien ; mon cœur, pour tout dis-
  cours,
N'avait que des soupirs qu'il répétait toujours.
Le ciel seul sait combien j'en ai versé de larmes.
Mais enfin Bajazet dissipa mes alarmes :
Je condamnai mes pleurs, et jusques aujoud'hui
Je l'ai pressé de feindre, et j'ai parlé pour lui.
Hélas ! tout est fini ; Roxane méprisée
Bientôt de son erreur sera désabusée.
Car enfin Bajazet ne sait point se cacher :
Je connais sa vertu prompte à s'éffaroucher ;
Il faut qu'à tous momens, tremblante et secoura-
  ble
Je donne à ses discours un sens plus favorable.
Bajazet va se perdre. Ah ! si comme autrefois,
Ma rivale eût voulu lui parler par ma voix !
Au moins, si j'avais pu préparer son visage !
Mais, Zaïre, je puis l'attendre à son passage ;
D'un mot ou d'un regard je puis le secourir.
Qu'il l'épouse, en un mot, plutôt que de périr.
Si Roxane le veut, sans doute il faut qu'il meure.
Il se perdra, te dis-je. Atalide, demeure ;
Laisse, sans t'alarmer, ton amant sur sa foi.
Penses-tu mériter qu'on se perde pour toi ?
Peut-être Bajazet, secondant ton envie,
Plus que tu ne voudras aura soin de sa vie.

ZAÏRE.

Ah ! dans quels soins, madame, allez-vous vous
  plonger ?
Toujours avant le temps faut-il vous affliger ?
Vous n'en pouvez douter, Bajazet vous adore :
Suspendez ou cachez l'ennui qui vous dévore ;
N'allez point par vos pleurs déclarer vos amours.
La main qui l'a sauvé le sauvera toujours,
Pourvu qu'entretenue en son erreur fatale
Roxane jusqu'au bout ignore sa rivale.
Venez en d'autres lieux renfermer vos regrets,
Et de leur entrevue attendre le succès.

ATALIDE.
Hé bien, Zaïre, allons. Et toi, si ta justice
De deux jeunes amans veut punir l'artifice,
O ciel, si notre amour est condamné de toi,
Je suis la plus coupable, épuise tout sur moi.

Fin du premier acte.

ACTE II.

SCENE PREMIERE.

BAJAZET, ROXANE.

ROXANE.

Prince, l'heure fatale est enfin arrivée
Qu'à votre liberté le ciel a réservée.
Rien ne me retient plus, et je puis dès ce jour
Accomplir le dessein qu'a formé mon amour.
Non que, vous assurant d'un triomphe facile,
Je mette entre vos mains un empire tranquille;
Je fais ce que je puis, je vous l'avais promis :
J'arme votre valeur contre vos ennemis,
J'écarte de vos jours un péril manifeste,
Votre vertu, seigneur, achèvera le reste.
Osmin a vu l'armée : elle penche pour vous ;
Les chefs de notre loi conspirent avec nous ;
Le visir Acomat vous répond de Byzance :
Et moi, vous le savez, je tiens sous ma puissance
Cette foule de chefs, d'esclaves, de muets,
Peuple que dans ses murs renferme ce palais,
Et dont à ma faveur les ames asservies
M'ont vendu dès long-temps leur silence et leurs
    vies.
Commencez maintenant, c'est à vous de courir
Dans le champ glorieux que j'ai su vous ouvrir.
Vous n'entreprenez point une injuste carrière,
Vous repoussez, seigneur, une main meurtrière :
L'exemple en est commun ; et, parmi les sultans,
Ce chemin à l'empire a conduit de tout temps.
Mais pour mieux commencer, hâtons-nous l'un et
    l'autre

D'assurer à la fois mon bonheur et le vôtre.
Montrez à l'univers, en m'attachant à vous,
Que, quand je vous servais, je servais mon époux ;
Et, par le nœud sacré d'un heureux hyménée,
Justifiez la foi que je vous ai donnée.

BAJAZET.
Ah, que proposez-vous, madame ?

ROXANE.
Hé, quoi seigneur,
Quel obstacle secret trouble notre bonheur ?

BAJAZET.
Madame, ignorez-vous que l'orgueil de l'empire...
Que ne m'épargnez-vous la douleur de le dire ?

ROXANE.
Oui, je sais que, depuis qu'un de vos empereurs,
Bajazet, d'un barbare éprouvant les fureurs,
Vit au char du vainqueur son épouse enchaînée,
Et par toute l'Asie à sa suite traînée,
De l'honneur ottoman ses successeurs jaloux
Ont daigné rarement prendre le nom d'époux.
Mais l'amour ne suit point ces lois imaginaires ;
Et, sans vous rapporter des exemples vulgaires,
Soliman (vous savez qu'entre tous vos aïeux,
Dont l'univers a craint le bras victorieux,
Nul n'éleva si haut la grandeur ottomane),
Ce Soliman jeta les yeux sur Roxelane.
Malgré tout son orgueil, ce monarque si fier
A son trône, à son lit daigna l'associer ;
Sans qu'elle eût d'autres droits au rang d'impératrice
Qu'un peu d'attraits peut-être, et beaucoup d'artifice.

BAJAZET.
Il est vrai. Mais aussi voyez ce que je puis,
Ce qu'était Soliman, et le peu que je suis.
Soliman jouissait d'une pleine puissance :
L'Égypte ramenée à son obéissance ;
Rhodes, des Ottomans ce redoutable écueil,
De tous ses défenseurs devenu le cercueil ;
Du Danube asservi les rives désolées ;
De l'empire persan les bornes reculées ;

TRAGÉDIE.

Dans leurs climats brûlans les Africains domptés,
Faisaient taire les lois devant ses volontés.
Que suis-je? J'attends tout du peuple et de l'armée :
Mes malheurs font encor toute ma renommée.
Infortuné, proscrit, incertain de régner,
Dois-je irriter les cœurs au lieu de les gagner?
Témoins de nos plaisirs, plaindront-ils nos misères?
Croiront-ils mes périls et vos larmes sincères?
Songez, sans me flatter du sort de Soliman,
Au meurtre tout récent du malheureux Osman :
Dans leur rébellion les chefs des janissaires,
Cherchant à colorer leurs desseins sanguinaires,
Se crurent à sa perte assez autorisés
Par le fatal hymen que vous me proposez.
Que vous dirai-je enfin? Maître de leur suffrage,
Peut-être avec le temps j'oserai davantage :
Ne précipitons rien ; et daignez commencer
A me mettre en état de vous récompenser.

ROXANE.

Je vous entends, seigneur. Je vois mon imprudence ;
Je vois que rien n'échappe à votre prévoyance :
Vous avez pressenti jusqu'au moindre danger
Où mon amour trop prompt vous allait engager.
Pour vous, pour votre honneur, vous en craignez
 les suites ;
Et je le crois, seigneur, puisque vous me le dites.
Mais avez-vous prévu, si vous ne m'épousez,
Les périls plus certains où vous vous exposez?
Songez-vous que sans moi tout vous devient contraire?
Que c'est à moi sur-tout qu'il importe de plaire?
Songez-vous que je tiens les portes du palais?
Que je puis vous l'ouvrir ou fermer pour jamais?
Que j'ai sur votre vie un empire suprême?
Que vous ne respirez qu'autant que je vous aime?
Et, sans ce même amour qu'offensent vos refus,
Songez-vous, en un mot, que vous ne seriez plus?

BAJAZET.

Oui, je tiens tout de vous : et j'avois lieu de croire
Que c'était pour vous-même un assez grande gloire,

En voyant devant moi tout l'empire à genoux,
De m'entendre avouer que je tiens tout de vous.
Je ne m'en défends point; ma bouche le confesse,
Et mon respect saura le confirmer sans cesse.
Je vous dois tout mon sang : ma vie est votre bien.
Mais enfin voulez-vous...

ROXANE.

Non, je ne veux plus rien.
Ne m'importunes point de tes raisons forcées ?
Je vois combien tes vœux sont loin de mes pensées ;
Je ne te presse plus, ingrat, d'y consentir ;
Rentre dans le néant dont je t'ai fait sortir.
Car enfin qui m'arrête ? et quelle autre assurance
Demanderais-je encor de son indifférence ?
L'ingrat est-il touché de mes empressemens ?
L'amour même entre-t-il dans ses raisonnemens ?
Ah ! je vois tes desseins. Tu crois, quoique je fasse,
Que mes propres périls t'assurent de ta grace ;
Qu'engagée avec toi par de si forts liens
Je ne puis séparer tes intérêts des miens.
Mais je m'assure encore aux bontés de ton frère :
Il m'aime, tu le sais ; et malgré sa colère,
Dans ton perfide sang je puis tout expier,
Et ta mort suffira pour me justifier.
N'en doute point, j'y cours, et dès ce moment même...
Bajazet, écoutez, je sens que je vous aime :
Vous vous perdez. Gardez de me laisser sortir :
Le chemin est encore ouvert au repentir.
Ne désespérez point une amante en furie :
S'il m'échappait un mot, c'est fait de votre vie.

BAJAZET.

Vous pouvez me l'ôter, elle est entre vos mains :
Peut-être que ma mort, utile à vos desseins,
De l'heureux Amurat obtenant votre grace,
Vous rendra dans son cœur votre première place.

ROXANE

Dans son cœur ? Ah ! crois-tu quand il le voudrait bien,
Que si je perds l'espoir de régner dans le tien,

D'une si douce erreur si long-temps possédée,
Je puisse désormais souffrir une autre idée,
Ni que je vive enfin, si je ne vis pour toi ?
Je te donne, cruel, des armes contre moi,
Sans doute ; et je devrais retenir ma faiblesse :
Tu vas en triompher. Oui, je te le confesse,
J'affectais à tes yeux une fausse fierté :
De toi dépend ma joie et ma félicité.
De ma sanglante mort ta mort sera suivie :
Quel fruit de tant de soins que j'ai pris pour ta vie ?
Tu soupires enfin, et sembles te troubler :
Achève, parle.

BAJAZET.

Oh ciel ! que ne puis-je parler !

ROXANE.

Quoi donc ! que dites-vous ? et que viens-je d'entendre ?
Vous avez des secrets que je ne puis apprendre ?
Quoi ! de vos sentimens je ne puis m'éclaircir ?

BAJAZET.

Madame, encore un coup, c'est à vous de choisir :
Daignez m'ouvrir au trône un chemin légitime ;
Ou bien, me voilà prêt, prenez votre victime.

ROXANE.

Ah ! c'en est trop enfin, tu seras satisfait.
Holà, gardes, qu'on vienne.

SCÈNE II.

ROXANE, BAJAZET, ACOMAT.

ROXANE.

Acomat, c'en est fait ;
Vous pouvez retourner, je n'ai rien à vous dire :
Du sultan Amurat je reconnais l'empire.
Sortez. Que le sérail soit désormais fermé,
Et que tout rentre ici dans l'ordre accoutumé.

BAJAZET,

SCENE III.

BAJAZET, ACOMAT.

ACOMAT.

Seigneur, qu'ai-je entendu? Quelle surprise
 extrême!
Qu'allez-vous devenir? que deviens-je moi-même!
D'où naît ce changement? qui dois-je en accuser!
Oh ciel!

BAJAZET.

  Il ne faut point ici vous abuser.
Roxane est offensée, et court à la vengeance:
Un obstacle éternel rompt notre intelligence.
Visir, songez à vous, je vous en avertis;
Et, sans compter sur moi, prenez votre parti.

ACOMAT.

Quoi!

BAJAZET.

  Vous et vos amis, cherchez quelque retraite.
Je sais dans quels périls mon amitié vous jette;
Et j'espérais un jour vous mieux récompenser.
Mais c'en est fait, vous dis-je, il n'y faut plus penser.

ACOMAT.

Et quel est donc, seigneur, cet obstacle invincible!
Tantôt dans le sérail j'ai laissé tout paisible:
Quelle fureur saisit votre esprit et le sien?

BAJAZET.

Elle veut, Acomat, que je l'épouse.

ACOMAT.

      Hé bien!
L'usage des sultans à ses vœux est contraire;
Mais cet usage enfin, est-ce une loi sévère
Qu'aux dépens de vos jours vous deviez observer!
La plus sainte des lois, ah! c'est de vous sauver,
Et d'arracher, seigneur, d'une mort manifeste
Le sang des Ottomans dont vous faites le reste.

BAJAZET.

Ce reste malheureux serait trop acheté,

S'il faut le conserver par une lâcheté.
####### ACOMAT.
Et pourquoi vous en faire une image si noire?
L'hymen de Soliman ternit-il sa mémoire?
Cependant Soliman n'étoit point menacé
Des périls évidens dont vous êtes pressé.
####### BAJAZET.
Et ce sont ces périls et ce soin de ma vie
Qui d'un servile hymen feraient l'ignominie.
Soliman n'avait point ce prétexte odieux :
Son esclave trouva grace devant ses yeux;
Et, sans subir le joug d'un hymen nécessaire,
Il lui fit de son cœur un présent volontaire.
####### ACOMAT.
Mais vous aimez Roxane.
####### BAJAZET.
Acomat, c'est assez.
Je me plains de mon sort moins que vous ne pensez.
La mort n'est point pour moi le comble des disgraces;
J'osai, tout jeune encor, la chercher sur vos traces;
Et l'indigne prison où je suis renfermé
A la voir de plus près m'a même accoutumé.
Amurat à mes yeux l'a vingt fois présentée :
Elle finit le cours d'une vie agitée.
Hélas! si je la quitte avec quelque regret...
Pardonnez, Acomat, je plains avec sujet
Des cœurs dont les bontés trop mal récompensées
M'avaient pris pour objet de toutes leurs pensées.
####### ACOMAT.
Ah! si nous périssons, n'en accusez que vous,
Seigneur : dites un mot, et vous nous sauvez tous.
Tout ce qui reste ici de braves janissaires,
De la religion les saints dépositaires,
Du peuple byzantin ceux qui plus respectés
Par leur exemple seul règlent ses volontés,
Sont prêts de vous conduire à la porte sacrée
D'où les nouveaux sultans font leur première entrée.
####### BAJAZET.
Hé bien, brave Acomat, si je leur suis si cher,

Que des mains de Roxane ils viennent m'arracher :
Du sérail, s'il le faut, venez forcer la porte ;
Entrez accompagné de leur vaillante escorte.
J'aime mieux en sortir sanglant, couvert de coups,
Que chargé malgré moi du nom de son époux.
Peut-être je saurai, dans ce désordre extrême,
Par un beau désespoir me secourir moi-même ;
Attendre, en combattant, l'effet de votre foi,
Et vous donner le temps de venir jusqu'à moi.

ACOMAT.
Hé ! pourrai-je empêcher, malgré ma diligence,
Que Roxane d'un coup n'assure sa vengeance ?
Alors qu'aura servi ce zèle impétueux,
Qu'à charger vos amis d'un crime infructueux ?
Promettez, affranchi du péril qui vous presse,
Vous verrez de quel poids sera votre promesse.

BAJAZET.
Moi !

ACOMAT.
Ne rougissez point : le sang des Ottomans
Ne doit point en esclave obéir aux sermens.
Consultez ces héros que le droit de la guerre
Mena victorieux jusqu'au bout de la terre :
Libres dans leur victoire, et maîtres de leur foi,
L'intérêt de l'état fut leur unique loi ;
Et d'un trône si saint la moitié n'est fondée
Que sur la foi promise et rarement gardée.
Je m'emporte, seigneur.

BAJAZET.
Oui, je sais, Acomat,
Jusqu'où les a portés l'intérêt de l'état :
Mais ces mêmes héros, prodigues de leur vie,
Ne la rachetaient point par une perfidie.

ACOMAT.
O courage inflexible ! ô trop constante foi,
Que, même en périssant, j'admire malgré moi !
Faut-il qu'en un moment un scrupule timide
Perde.... Mais quel bonheur nous envoie Atalide.

SCENE IV.

BAJAZET, ATALIDE, ACOMAT.

ACOMAT.

Ah, madame! venez avec moi vous unir.
Il se perd.

ATALIDE.

C'est de quoi je viens l'entretenir.
Mais laissez-nous : Roxane, à sa perte animée,
Veut que de ce palais la porte soit fermée.
Toutefois, Acomat ne vous éloignez pas ;
Peut-être on vous fera revenir sur vos pas.

SCENE V.

BAJAZET, ATALIDE.

BAJAZET.

Hé bien ! c'est maintenant qu'il faut que je vous laisse.
Le ciel punit ma feinte et confond votre adresse ;
Rien ne m'a pu parer contre ses derniers coups :
Il fallait ou mourir, ou n'être plus à vous.
De quoi nous a servi cette indigne contrainte ?
Je meurs plus tard : voilà tout le fruit de ma feinte.
Je vous l'avais prédit : mais vous l'avez voulu ;
J'ai reculé vos pleurs autant que je l'ai pu.
Belle Atalide, au nom de cette complaisance,
Daignez de la sultane éviter la présence :
Vos pleurs vous trahiraient : cachez-les à ses yeux,
Et ne prolongez point de dangereux adieux.

ATALIDE.

Non, seigneur. Vos bontés pour une infortunée
Ont assez disputé contre la destinée.
Il vous en coûte trop pour vouloir m'épargner :
Il faut vous rendre ; il faut me quitter, et régner.

BAJAZET.

Vous quitter ?

ATALIDE.
Je le veux. Je me suis consultée.
De mille soins jaloux jusqu'alors agitée,
Il est vrai, je n'ai pu concevoir sans effroi
Que Bajazet pût vivre et n'être plus à moi :
Et lorsque quelquefois de ma rivale heureuse
Je me représentais l'image douloureuse,
Votre mort (pardonnez aux fureurs des amans)
Ne me paraissait pas le plus grand des tourmens.
Mais à mes tristes yeux votre mort préparée
Dans toute son horreur ne s'était pas montrée :
Je ne vous voyais pas, ainsi que je vous vois,
Prêt à me dire adieu pour la dernière fois.
Seigneur, je sais trop bien avec quelle constance
Vous allez de la mort affronter la présence ;
Je sais que votre cœur se fait quelques plaisirs
De me prouver sa foi dans ses derniers soupirs :
Mais, hélas ! épargnez une ame plus timide ;
Mesurez vos malheurs aux forces d'Atalide ;
Et ne m'exposez point aux plus vives douleurs
Qui jamais d'une amante épuisèrent les pleurs.

BAJAZET.
Et que deviendrez-vous, si, dès cette journée,
Je célèbre à vos yeux ce funeste hymenée ?

ATALIDE.
Ne vous informez point ce que je deviendrai.
Peut-être à mon destin, seigneur, j'obéirai.
Que sais-je ? à ma douleur je chercherai des charmes ;
Je songerai peut-être, au milieu de mes larmes,
Qu'à vous perdre pour moi vous étiez résolu,
Que vous vivez, qu'enfin c'est moi qui l'ai voulu.

BAJAZET.
Non, vous ne verrez point cette fête cruelle.
Plus vous me commandez de vous être infidèle,
Madame, plus je vois combien vous méritez
De ne point obtenir ce que vous souhaitez.
Quoi ! cet amour si tendre, et né dans notre enfance,
Dont les feux avec nous ont crû dans le silence ;

Vos larmes que ma main pouvait seule arrêter ;
Mes sermens redoublés de ne vous point quitter :
Tout cela finirait par une perfidie ?
J'épouserais, et qui ? s'il faut que je le die,
Une esclave attachée à ses seuls intérêts,
Qui présente à mes yeux les supplices tout prêts,
Qui m'offre ou son hymen, ou la mort infaillible ;
Tandis qu'à mes périls Atalide sensible,
Et trop digne du sang qui lui donna le jour,
Veut me sacrifier jusques à son amour ?
Ah ! qu'au jaloux sultan ma tête soit portée,
Puisqu'il faut à ce prix qu'elle soit rachetée.

ATALIDE.

Seigneur, vous pourriez vivre, et ne me point trahir.

BAJAZET.

Parlez. Si je le puis, je suis prêt d'obéir.

ATALIDE.

La sultane vous aime : et, malgré sa colère,
Si vous preniez, seigneur, plus de soin de lui plaire ;
Si vos soupirs daignaient lui faire pressentir
Qu'un jour...

BAJAZET.

Je vous entends : je n'y puis consentir.
Ne vous figurez point que, dans cette journée,
D'un lâche désespoir ma vertu consternée
Craigne les soins d'un trône où je pourrais monter,
Et par un prompt trépas cherche à les éviter.
J'écoute trop peut-être une imprudente audace :
Mais, sans cesse occupé des grands noms de ma race,
J'espérais que, fuyant un indigne repos,
Je prendrais quelque place entre tant de héros.
Mais, quelque ambition, quelque amour qui me brûle,
Je ne puis plus tromper une amante crédule.
En vain, pour me sauver je vous l'aurais promis :
Et ma bouche et mes yeux, du mensonge ennemis,
Peut-être, dans le temps que je voudrais lui plaire,
Feraient par leur désordre un effet tout contraire,

Et de mes froids soupirs ses regards offensés
Verraient trop que mon cœur ne les a point poussés.
Oh ciel ! combien de fois je l'aurais éclaircie,
Si je n'eusse à sa haine exposé que ma vie ;
Si je n'avais pas craint que ses soupçons jaloux
N'eussent trop aisément remonté jusqu'à vous !
Et j'irais l'abuser d'une fausse promesse?
Je me parjurerais? et, par cette bassesse...
Ah ! loin de m'ordonner cet indigne détour,
Si votre cœur était moins plein de son amour,
Je vous verrais, sans doute, en rougir la première.
Mais, pour vous épargner une injuste prière,
Adieu, je vais trouver Roxane de ce pas ;
Et je vous quitte.

ATALIDE.

Et moi, je ne vous quitte pas.
Venez, cruel, venez, je vais vous y conduire ;
Et de tous nos secrets c'est moi qui veux l'instruire.
Puisque, malgré mes pleurs, mon amant furieux
Se fait tant de plaisir d'expirer à mes yeux,
Roxane, malgré vous, nous joindra l'un et l'autre ;
Elle aura plus de soif de mon sang que du vôtre ;
Et je pourrai donner à vos yeux effrayés
Le spectacle sanglant que vous me prépariez.

BAJAZET.

Oh ciel ! que faites-vous ?

ATALIDE.

Cruel ! pouvez-vous croire
Que je sois moins que vous jalouse de ma gloire ?
Pensez-vous que cent fois, en vous faisant parler,
Ma rougeur ne fût pas prête à me déceler ?
Mais on me présentait votre perte prochaine.
Pourquoi faut-il, ingrat ! quand la mienne est certaine,
Que vous n'osiez pour moi ce que j'osais pour vous ?
Peut-être il suffira d'un mot un peu plus doux :
Roxane dans son cœur peut-être vous pardonne.
Vous-même, vous voyez le temps qu'elle vous donne :
A-t-elle, en vous quittant, fait sortir le visir ?
Des gardes à mes yeux viennent-ils vous saisir ?

TRAGÉDIE.

Enfin, dans sa fureur implorant mon adresse,
Ses pleurs ne m'ont-ils pas découvert sa tendresse?
Peut-être elle n'attend qu'un espoir incertain
Qui lui fasse tomber les armes de la main.
Allez, seigneur, sauvez votre vie et la mienne.

BAJAZET.

Hé bien... Mais quels discours faut-il que je lui tienne?

ATALIDE.

Ah! daignez sur ce choix ne me point consulter.
L'occasion, le ciel pourra vous les dicter.
Allez : entre elle et vous je ne dois point paraître ;
Votre trouble ou le mien nous ferait reconnaître.
Allez, encore un coup, je n'ose m'y trouver :
Dites... tout ce qu'il faut, seigneur, pour vous sauver.

Fin du second acte.

ACTE III.

SCÈNE PREMIERE.

ATALIDE, ZAIRE.

ATALIDE.

ZAÏRE, il est donc vrai, sa grace est prononcée?
ZAÏRE.
Je vous l'ai dit, madame : une esclave empressée
Qui courait de Roxane accomplir le désir,
Aux portes du sérail a reçu le visir.
Ils ne m'ont point parlé ; mais, mieux qu'aucun langage,
Le transport du visir marquait sur son visage
Qu'un heureux changement le rappelle au palais,
Et qu'il y vient signer une éternelle paix.
Roxane a pris, sans doute, une plus douce voie.
ATALIDE.
Ainsi, de toutes parts, les plaisirs et la joie
M'abandonnent, Zaïre, et marchent sur leurs pas.
J'ai fait ce que j'ai dû ; je ne m'en repens pas.
ZAÏRE.
Quoi, madame ! quelle est cette nouvelle alarme ?
ATALIDE.
Et ne t'a-t-on point dit, Zaïre, par quel charme,
Ou, pour mieux dire enfin, par quel engagement
Bajazet a pu faire un si prompt changement :
Roxane en sa faveur paraissait inflexible ;
A-t-elle de son cœur quelque gage infaillible ?
Parle. L'épouse-t-il ?
ZAÏRE.
Je n'en ai rien appris.
Mais enfin s'il n'a pu se sauver qu'à ce prix,

S'il fait ce que vous-même avez su lui prescrire ;
S'il l'épouse, en un mot...
ATALIDE.
S'il l'épouse, Zaïre !
ZAÏRE.
Quoi ! vous repentez-vous des généreux discours
Que vous dictait le soin de conserver ses jours ?
ATALIDE.
Non, non ; il ne fera que ce qu'il a dû faire.
Sentimens trop jaloux, c'est à vous de vous taire :
Si Bajazet l'épouse, il suit mes volontés ;
Respectez ma vertu qui vous a surmontés ;
A ses nobles conseils ne mêlez point le vôtre ;
Et loin de me le peindre entre les bras d'une autre,
Laissez-moi, sans regret, me le représenter
Au trône où mon amour l'a forcé de monter.
Oui, je me reconnais, je suis toujours la même.
Je voulais qu'il m'aimât, chère Zaïre ; il m'aime :
Et du moins cet espoir me console aujourd'hui
Que je vais mourir digne et contente de lui.
ZAÏRE.
Mourir ! Quoi ! vous auriez un dessein si funeste ?
ATALIDE.
J'ai cédé mon amant ; tu t'étonnes du reste ?
Peux-tu compter, Zaïre, au nombre des malheurs
Une mort qui prévient et finit tant de pleurs ?
Qu'il vive, c'est assez. Je l'ai voulu, sans doute ;
Et je le veux toujours, quelque prix qu'il m'en coûte ;
Je n'examine point ma joie ou mon ennui ;
J'aime assez mon amant pour renoncer à lui.
Mais, hélas ! il peut bien penser avec justice
Que, si j'ai pu lui faire un si grand sacrifice,
Ce cœur, qui de ses jours prend ce funeste soin,
L'aime trop pour vouloir en être le témoin.
Allons, je veux savoir...
ZAÏRE.
Modérez-vous, de grace :
On vient vous informer de tout ce qui se passe.
C'est le visir.

SCÈNE II.

ATALIDE, ACOMAT, ZAIRE.

ACOMAT.

Enfin, nos amans sont d'accord,
Madame, un calme heureux nous remet dans le port.
La sultane a laissé désarmer sa colère ;
Elle m'a déclaré sa volonté dernière ;
Et, tandis qu'elle montre au peuple épouvanté
Du prophète divin l'étendard redouté,
Qu'à marcher sur mes pas Bajazet se dispose,
Je vais de ce signal faire entendre la cause,
Remplir tous les esprits d'une juste terreur,
Et proclamer enfin le nouvel empereur.
Cependant permettez que je vous renouvelle
Le souvenir du prix qu'on promit à mon zèle.
N'attendez point de moi ces doux emportemens,
Tels que j'en vois paraître au cœur de ces amans :
Mais si, par d'autres soins plus dignes de mon âge,
Par de profonds respects, par un long esclavage,
Tel que nous le devons au sang de nos sultans,
Je puis....

ATALIDE.

Vous m'en pourrez instruire avec le temps :
Avec le temps aussi vous pourrez me connaître.
Mais quels sont ces transports qu'ils vous ont fait paraître ?

ACOMAT.

Madame, doutez-vous des soupirs enflammés
De deux jeunes amans l'un de l'autre charmés ?

ATALIDE.

Non : mais, à dire vrai, ce miracle m'étonne.
Et dit-on à quel prix Roxane lui pardonne ?
L'épouse-t-il enfin ?

ACOMAT.

Madame, je le croi.
Voici tout ce qui vient d'arriver devant moi.

TRAGÉDIE.

Surpris, je l'avoûrai, de leur fureur commune,
Querellant les amans, l'amour et la fortune,
J'étais de ce palais sorti désespéré.
Déjà, sur un vaisseau dans le port préparé
Chargeant de mon débris les reliques plus chères,
Je méditais ma fuite aux terres étrangères.
Dans ce triste dessein au palais rappelé,
Plein de joie et d'espoir, j'ai couru, j'ai volé.
La porte du sérail à ma voix s'est ouverte,
Et d'abord une esclave à mes yeux s'est offerte,
Qui m'a conduit sans bruit dans un appartement
Où Roxane attentive écoutait son amant.
Tout gardait devant eux un auguste silence :
Moi-même, résistant à mon impatience,
Et respectant de loin leur secret entretien,
J'ai long-temps, immobile, observé leur maintien.
Enfin, avec des yeux qui découvraient son ame,
L'une a tendu la main pour gage de sa flamme ;
L'autre, avec des regards éloquens, pleins d'amour,
L'a de ses feux, madame, assurée à son tour.

ATALIDE.

Hélas !

ACOMAT.

Ils m'ont alors aperçu l'un et l'autre.
Voilà, m'a-t-elle dit, votre prince et le nôtre :
Je vais, brave Acomat, le remettre en vos mains.
Allez lui préparer les honneurs souverains ?
Qu'un peuple obéissant l'attende dans le temple ;
Le sérail va bientôt vous en donner l'exemple
Aux pieds de Bajazet alors je suis tombé ;
Et soudain à leurs yeux je me suis dérobé :
Trop heureux d'avoir pu, par un récit fidèle,
De leur paix, en passant, vous conter la nouvelle,
Et m'acquitter vers vous de mes respects profonds !
Je vais le couronner, madame, et j'en réponds.

BAJAZET,

SCENE III.

ATALIDE, ZAIRE.

ATALIDE.

Allons, retirons-nous, ne troublons point leur joie.
ZAÏRE.
Ah, madame! croyez....
ATALIDE.
Que veux-tu que je croie ?
Quoi donc ! à ce spectacle irai-je m'exposer !
Tu vois que c'en est fait : ils se vont épouser ;
La sultane est contente ; il l'assure qu'il l'aime.
Mais je ne m'en plains pas, je l'ai voulu moi-même.
Cependant croyais-tu, quand, jaloux de sa foi,
Il s'allait plein d'amour, sacrifier pour moi,
Lorsque son cœur, tantôt m'exprimant sa tendresse,
Refusait à Roxane une simple promesse ;
Quand mes larmes en vain tâchaient de l'émouvoir;
Quand je m'applaudissais de leur peu de pouvoir ;
Croyais-tu que son cœur, contre toute apparence,
Pour la persuader trouvât tant d'éloquence ?
Ah ! peut-être, après tout, que, sans trop se forcer,
Tout ce qu'il a pu dire, il a pu le penser :
Peut-être en la voyant, plus sensible pour elle,
Il a vu dans ses yeux quelque grace nouvelle :
Elle aura devant lui fait parler ses douleurs;
Elle l'aime; un empire autorise ses pleurs.
Tant d'amour touche enfin une ame généreuse.
Hélas ! que de raisons contre une malheureuse !
ZAÏRE.
Mais ce succès, madame, est encore incertain.
Attendez.
ATALIDE.
Non, vois-tu, je le nierais en vain.
Je ne prends point plaisir à croître ma misère ;
Je sais pour se sauver tout ce qu'il a dû faire.
Quand mes pleurs vers Roxane ont rappelé ses pas,

TRAGÉDIE.

Je n'ai point prétendu qu'il ne m'obéît pas :
Mais après les adieux que je venais d'entendre,
Après tous les transports d'une douleur si tendre,
Je sais qu'il n'a point dû lui faire remarquer
La joie et les transports qu'on vient de m'expliquer.
Toi-même, juge-nous, et vois si je m'abuse.
Pourquoi de ce conseil moi seule suis-je excluse?
Au sort de Bajazet ai-je si peu de part?
A me chercher lui-même attendrait-il si tard,
N'était que de son cœur le trop juste reproche
Lui fait peut-être, hélas! éviter cette approche?
Mais non, je lui veux bien épargner ce souci :
Il ne me verra plus.

ZAÏRE.

Madame, le voici.

SCENE IV.

BAJAZET, ATALIDE, ZAIRE.

BAJAZET.

C'en est fait, j'ai parlé, vous êtes obéie.
Vous n'avez plus, madame, à craindre pour ma vie :
Et je serais heureux, si la foi, si l'honneur,
Ne me reprochaient point mon injuste bonheur ;
Si mon cœur, dont le trouble en secret me condamne,
Pouvait me pardonner aussi-bien que Roxane.
Mais enfin je me vois les armes à la main ;
Je suis libre ; et je puis contre un frère inhumain,
Non plus par un silence aidé de votre adresse,
Disputer en ces lieux le cœur de sa maîtresse,
Mais par de vrais combats, par de nobles dangers,
Moi-même le cherchant aux climats étrangers,
Lui disputer les cœurs du peuple et de l'armée,
Et pour juge entre nous prendre la renommée.
Que vois-je! Qu'avez-vous? Vous pleurez!

ATALIDE.

Non, seigneur;
Je ne murmure point contre votre bonheur :

Le ciel, le juste ciel vous devait ce miracle.
Vous savez si jamais j'y formai quelque obstacle :
Tant que j'ai respiré vos yeux me sont témoins
Que votre seul péril occupait tous mes soins ;
Et puisqu'il ne pouvait finir qu'avec ma vie,
C'est sans regret aussi que je la sacrifie.
Il est vrai, si le ciel eût écouté mes vœux,
Qu'il pouvait m'accorder un trépas plus heureux :
Vous n'en auriez pas moins épousé ma rivale,
Vous pouviez l'assurer de la foi conjugale ;
Mais vous n'auriez pas joint à ce titre d'époux
Tous ces gages d'amour qu'elle a reçus de vous.
Roxane s'estimait assez récompensée :
Et j'aurais en mourant cette douce pensée,
Que, vous ayant moi-même imposé cette loi,
Je vous ai vers Roxane envoyé plein de moi ;
Qu'emportant chez les morts toute votre tendresse,
Ce n'est point un amant en vous que je lui laisse.

BAJAZET.

Que parlez-vous, madame, et d'époux et d'amant ?
Oh ciel ! de ce discours quel est le fondement ?
Qui peut vous avoir fait ce récit infidèle ?
Moi, j'aimerais Roxane, ou je vivrais pour elle,
Madame ! Ah ! croyez-vous que, loin de le penser,
Ma bouche seulement eût pu le prononcer ?
Mais l'un ni l'autre enfin n'était point nécessaire.
La sultane a suivi son penchant ordinaire ;
Et, soit qu'elle ait d'abord expliqué mon retour
Comme un gage certain qui marquait mon amour,
Soit que le temps trop cher la pressât de se rendre,
A peine ai-je parlé, que, sans presque m'entendre,
Ses pleurs précipités ont coupé mes discours :
Elle met dans ma main sa fortune, ses jours,
Et, se fiant enfin à ma reconnaissance,
D'un hymen infaillible a formé l'espérance.
Moi-même, rougissant de sa crédulité,
Et d'un amant si tendre et si peu mérité,
Dans ma confusion, que Roxane, madame,
Attribuait encore à l'excès de ma flamme,

Je me trouvais barbare, injuste, criminel.
Croyez qu'il m'a fallu, dans ce moment cruel,
Pour garder jusqu'au bout un silence perfide,
Rappeler tout l'amour que j'ai pour Atalide.
Cependant, quand je viens, après de tels efforts,
Chercher quelque secours contre tous mes remords,
Vous-même contre moi je vous vois irritée,
Reprocher votre mort à mon ame agitée ;
Je vois enfin, je vois qu'en ce même moment
Tout ce que je vous dis vous touche faiblement.
 Madame, finissons et mon trouble et le vôtre :
Ne nous affligeons point vainement l'un et l'autre.
Roxane n'est pas loin : laissez agir ma foi,
J'irai, bien plus content et de vous et de moi,
Détromper son amour d'une feinte forcée,
Que je n'allais tantôt déguiser ma pensée.
La voici.

ATALIDE.

Juste ciel ! où va-t-il s'exposer !
Si vous m'aimez, gardez de la désabuser.

SCENE V.

ROXANE, BAJAZET, ATALIDE, ZAIRE.

ROXANE.

Venez, seigneur, venez ; il est temps de paraître ;
Et que tout le sérail reconnaisse son maître :
Tout ce peuple nombreux dont il est habité,
Assemblé par mon ordre, attend ma volonté.
Mes esclaves gagnés, que le reste va suivre,
Sont les premiers sujets que mon amour vous livre.
L'auriez-vous cru, madame, et qu'un si prompt retour
Fit à tant de fureur succéder tant d'amour ?
Tantôt, à me venger fixe et déterminée,
Je jurais qu'il voyait sa dernière journée :
A peine cependant Bajazet m'a parlé ;
L'amour fit le serment, l'amour l'a violé.

J'ai cru dans son désordre entrevoir sa tendresse;
J'ai prononcé sa grace, et j'en crois sa promesse.

BAJAZET.

Oui, je vous ai promis et j'ai donné ma foi
De n'oublier jamais tout ce que je vous doi :
J'ai juré que mes soins, ma juste complaisance,
Vous répondront toujours de ma reconnaissance.
Si je puis à ce prix mériter vos bienfaits,
Je vais de vos bontés attendre les effets.

SCÈNE VI.

ROXANE, ATALIDE, ZAIRE.

ROXANE.

De quel étonnement, oh ciel! suis-je frappée!
Est-ce un songe? et mes yeux ne m'ont-ils point trompée :
Quel est ce sombre accueil, et ce discours glacé
Qui semble révoquer tout ce qui s'est passé?
Sur quel espoir croit-il que je me sois rendue,
Et qu'il ait regagné mon amitié perdue?
J'ai cru qu'il me jurait que jusques à la mort
Son amour me laissait maitresse de son sort.
Se repent-il déjà de m'avoir apaisée?
Mais moi-même tantôt me serais-je abusée?
Ah!... Mais il vous parlait : quels étaient ses discours,
Madame?

ATALIDE.

Moi, madame! Il vous aime toujours.

ROXANE.

Il y va de sa vie, au moins, que je le croie.
Mais, de grace, parmi tant de sujets de joie,
Répondez-moi, comment pouvez-vous expliquer
Ce chagrin qu'en sortant il m'a fait remarquer?

ATALIDE.

Madame, ce chagrin n'a point frappé ma vue.
Il m'a de vos bontés long-temps entretenue;
Il en était tout plein quand je l'ai rencontré :

J'ai cru le voir sortir tel qu'il était entré.
Mais, madame, après tout, faut-il être surprise
Que, tout prêt d'achever cette grande entreprise,
Bajazet s'inquiète, et qu'il laisse échapper
Quelque marque des soins qui doivent l'occuper?
ROXANE.
Je vois qu'à l'excuser votre adresse est extrême:
Vous parlez mieux pour lui qu'il ne parle lui-même.
ATALIDE.
Et quel autre intérêt...
ROXANE.
Madame, c'est assez:
Je conçois vos raisons mieux que vous ne pensez.
Laissez-moi: j'ai besoin d'un peu de solitude.
Ce jour me jette aussi dans quelque inquiétude:
J'ai, comme Bajazet, mon chagrin et mes soins;
Et je veux un moment y penser sans témoins.

SCENE VII.
ROXANE.
De tout ce que je vois que faut-il que je pense?
Tous deux à me tromper sont-ils d'intelligence?
Pourquoi ce changement, ce discours, ce depart?
N'ai-je pas même entre eux surpris quelque regard?
Bajazet interdit! Atalide étonnée!
O ciel, à cet affront m'auriez-vous condamnée?
De mon aveugle amour seraient-ce là les fruits?
Tant de jours douloureux, tant d'inquiètes nuits,
Mes brigues, mes complots, ma trahison fatale,
N'aurais-je tout tenté que pour une rivale?
Mais peut-être qu'aussi, trop prompte à m'affliger,
J'observe de trop près un chagrin passager:
J'impute à son amour l'effet de son caprice.
N'eût-il pas jusqu'au bout conduit son artifice?
Prêt à voir le succès de son déguisement,
Quoi! ne pouvait-il pas feindre encore un moment?
Non, non, rassurons-nous; trop d'amour m'intimide,

Et pourquoi dans son cœur redouter Atalide?
Quel serait son dessein? qu'a-t-elle fait pour lui?
Qui de nous deux enfin le couronne aujourd'hui?
Mais, hélas! de l'amour ignorons-nous l'empire?
Si par quelque autre charme Atalide l'attire,
Qu'importe qu'il nous doive et le sceptre et le jour?
Les bienfaits dans un cœur balancent-ils l'amour?
Et, sans chercher plus loin, quand l'ingrat me sut plaire,
Ai-je mieux reconnu les bontés de son frère?
Ah! si d'une autre chaîne il n'était point lié,
L'offre de mon hymen l'eût-il tant effrayé?
N'eût-il pas sans regret secondé mon envie?
L'eût-il refusé, même aux dépens de sa vie!
Que de justes raisons!... Mais qui vient me parler?
Que veut-on?

SCÈNE VIII.
ROXANE, ZATIME.

ZATIME.

Pardonnez si j'ose vous troubler,
Mais, madame, un esclave arrive de l'armée;
Et, quoique sur la mer la porte fût fermée,
Les gardes, sans tarder, l'ont ouverte à genoux,
Aux ordres du sultan qui s'adressent à vous.
Mais ce qui me surprend, c'est Orcan qu'il envoie.

ROXANE.

Orcan!

ZATIME.

Oui, de tous ceux que le sultan emploie,
Orcan, le plus fidèle à servir ses desseins,
Né sous le ciel brûlant des plus noirs Africains.
Madame, il vous demande avec impatience.
Mais j'ai cru vous devoir avertir par avance;
Et, souhaitant sur-tout qu'il ne vous surprît pas,
Dans votre appartement j'ai retenu ses pas.

ROXANE.

Quel malheur imprévu vient encor me confondre?
Quel

Quel peut être cet ordre? et que puis-je répondre?
Il n'en faut point douter le sultan inquiet
Une seconde fois condamne Bajazet.
On ne peut sur ses jours sans moi rien entreprendre :
Tout m'obéit ici. Mais dois-je le défendre?
Quel est mon empereur? Bajazet? Amurat?
J'ai trahi l'un ; mais l'autre est peut-être un ingrat.
Le temps presse ; que faire en ce doute funeste?
Allons : employons bien le moment qui nous reste.
Ils ont beau se cacher, l'amour le plus discret
Laisse par quelque marque échapper son secret.
Observons Bajazet : étonnons Atalide,
Et couronnons l'amant, ou perdons le perfide.

Fin du troisième acte.

ACTE IV.

SCENE PREMIERE.

ATALIDE, ZAIRE.

ATALIDE.

Ah ! sais-tu mes frayeurs ? sais-tu que dans ces lieux
J'ai vu du fier Orcan le visage odieux ?
En ce moment fatal, que je crains sa venue !
Que je crains.... Mais, dis-moi, Bajazet t'a-t-il vue ?
Qu'a-t-il dit ? se rend-il, Zaire, à mes raisons ?
Ira-t-il voir Roxane, et calmer ses soupçons ?

ZAÏRE.

Il ne peut plus la voir sans qu'elle le commande :
Roxane ainsi l'ordonne, elle veut qu'il l'attende.
Sans doute à cet esclave elle veut le cacher.
J'ai feint en le voyant de ne le point chercher :
J'ai rendu votre lettre, et j'ai pris sa réponse.
Madame, vous verrez ce qu'elle vous annonce.

ATALIDE *lit*.

« Après tant d'injustes détours,
« Faut-il qu'à feindre encor votre amour me convie !
  « Mais je veux bien prendre soin d'une vie
« Dont vous jurez que dépendent vos jours.
« Je verrai la sultane ; et, par ma complaisance,
« Par de nouveaux sermens de ma reconnaissance,
  « J'apaiserai, si je puis son courroux.
« N'exigez rien de plus. Ni la mort ni vous-même
« Ne me ferez jamais prononcer que je l'aime,
  « Puisque jamais je n'aimerai que vous. »

Hélas ! que me dit-il ? croit-il que je l'ignore ?
Ne sais-je pas assez qu'il m'aime, qu'il m'adore ?

Est-ce ainsi qu'à mes vœux il sait s'accommoder?
C'est Roxane, et non moi, qu'il faut persuader.
De quelle crainte encor me laisse-t-il saisie!
Funeste aveuglement! perfide jalousie!
Récit menteur! soupçon que je n'ai pu celer!
Fallait-il vous entendre? ou fallait-il parler?
C'était fait, mon bonheur surpassait mon attente:
J'étais aimée, heureuse, et Roxane contente.
Zaïre, s'il se peut, retourne sur tes pas:
Qu'il l'apaise. Ces mots ne me suffisent pas:
Que sa bouche, ses yeux, tout l'assure qu'il l'aime:
Qu'elle le croie enfin. Que ne puis-je moi-même,
Échauffant par mes pleurs ses soins trop languissans,
Mettre dans ses discours tout l'amour que je sens!
Mais à d'autres périls je crains de le commettre.

ZAÏRE.

Roxane vient à vous.

ATALIDE.

Ah! cachons cette lettre.

SCÈNE II.

ROXANE, ATALIDE, ZATIME, ZAIRE.

ROXANE, *à Zatime.*

Viens. J'ai reçu cet ordre. Il faut l'intimider.

ATALIDE, *à Zaïre.*

Va, cours, et tâche enfin de le persuader.

SCÈNE III.

ROXANE, ATALIDE, ZATIME.

ROXANE.

Madame, j'ai reçu des lettres de l'armée.
De tout ce qui se passe êtes-vous informée?

ATALIDE.

On m'a dit que du camp un esclave est venu:
Le reste est un secret qui ne m'est pas connu.

ROXANE.
Amurat est heureux, la fortune est changée,
Madame, et sous ses lois Babylone est rangée.

ATALIDE.
Hé quoi, madame! Osmin...

ROXANE.
Etait mal averti ;
Et depuis son départ cet esclave est parti.
C'en est fait.

ATALIDE, *à part*.
Quel revers.

ROXANE.
Pour comble de disgraces,
Le sultan, qui l'envoie, est parti sur ses traces.

ATALIDE.
Quoi! les Persans armés ne l'arrêtent donc pas?

ROXANE.
Non, madame. Vers nous il revient à grands pas.

ATALIDE.
Que je vous plains, madame! et qu'il est nécessaire
D'achever promptement ce que vous vouliez faire!

ROXANE.
Il est tard de vouloir s'opposer au vainqueur.

ATALIDE, *à part*.
Oh ciel !

ROXANE.
Le temps n'a point adouci sa rigueur.
Vous voyez dans mes mains sa volonté suprême.

ATALIDE.
Et que vous mande-t-il ?

ROXANE.
Voyez : lisez vous-même.
Vous connaissez, madame, et la lettre et le seing.

ATALIDE.
Du cruel Amurat je reconnais la main.
« Avant que Babylone éprouvât ma puissance,
« Je vous ai fait porter mes ordres absolus :
« Je ne veux point douter de votre obéissance,
« Et crois que maintenant Bajazet ne vit plus.

« Je laisse sous mes lois Babylone asservie,
« Et confirme en partant mon ordre souverain.
« Vous, si vous avez soin de votre propre vie,
« Ne vous montrez à moi que sa tête à la main. »

ROXANE.

Hé bien ?

ATALIDE, à part.
Cache tes pleurs, malheureuse Atalide.

ROXANE.
Que vous semble ?

ATALIDE.
Il poursuit son dessein parricide.
Mais il pense proscrire un prince sans appui :
Il ne sait pas l'amour qui vous parle pour lui ;
Que vous et Bajazet vous ne faites qu'une ame ;
Que plutôt, s'il le faut, vous mourrez...

ROXANE.
Moi, madame,
Je voudrais le sauver, je ne le puis haïr ;
Mais...

ATALIDE.
Quoi donc ? qu'avez-vous résolu ?

ROXANE.
D'obéir.

ATALIDE.
D'obéir !

ROXANE.
Et que faire en ce péril extrême ?
Il le faut.

ATALIDE.
Quoi ! ce prince aimable... qui vous aime,
Verra finir ses jours qu'il vous a destinés !

ROXANE.
Il le faut, et déjà mes ordres sont donnés.

ATALIDE.
Je me meurs.

ZATIME.
Elle tombe, et ne vit plus qu'à peine.

ROXANE.
Allez, conduisez-la dans la chambre prochaine :
Mais au moins observez ses regards, ses discours,
Tout ce qui convaincra leurs perfides amours.

SCENE IV.
ROXANE.

Ma rivale à mes yeux s'est enfin déclarée.
Voilà sur quelle foi je m'étais assurée !
Depuis six mois entiers j'ai cru que, nuit et jour,
Ardente, elle veillait au soin de mon amour :
Et c'est moi qui, du sien ministre trop fidèle,
Semble depuis six mois ne veiller que pour elle ;
Qui me suis appliquée à chercher les moyens
De lui faciliter tant d'heureux entretiens ;
Et qui même souvent, prévenant son envie,
Ai hâté les momens les plus doux de sa vie.
Ce n'est pas tout : il faut maintenant m'éclaircir
Si dans sa perfidie elle a su réussir.
Il faut... Mais que pourrais-je apprendre davantage ?
Mon malheur n'est-il pas écrit sur son visage ?
Vois-je pas, au travers de son saisissement,
Un cœur dans ses douleurs content de son amant ?
Exempte des soupçons dont je suis tourmentée,
Ce n'est que pour ses jours qu'elle est épouvantée.
N'importe : poursuivons. Elle peut, comme moi,
Sur des gages trompeurs s'assurer de sa foi.
Pour le faire expliquer tendons-lui quelque piège.
Mais quel indigne emploi moi-même m'imposé-je ?
Quoi donc ! à me gêner appliquant mes esprits,
J'irai faire à mes yeux éclater ses mépris ?
Lui-même il peut prévoir et tromper mon adresse.
D'ailleurs, l'ordre, l'esclave, et le visir me presse.
Il faut prendre parti ; l'on m'attend. Faisons mieux :
Sur tout ce que j'ai vu fermons plutôt les yeux ;
Laissons de leur amour la recherche importune ;
Poussons à bout l'ingrat, et tentons la fortune :
Voyons si, par mes soins sur le trône élevé,

TRAGÉDIE.

Il osera trahir l'amour qui l'a sauvé,
Et si de mes bienfaits lâchement libérale
Sa main en osera couronner ma rivale.
Je saurai bien toujours retrouver le moment
De punir, s'il le faut, la rivale et l'amant :
Dans ma juste fureur observant le perfide,
Je saurai le surprendre avec son Atalide ;
Et, d'un même poignard les unissant tous deux,
Les percer l'un et l'autre, et moi-même après eux.
Voilà, n'en doutons point, le parti qu'il faut prendre.
Je veux tout ignorer.

SCENE V.
ROXANE, ZATIME.

ROXANE.

Ah ! que viens-tu m'apprendre,
Zatime ? Bajazet en est-il amoureux ?
Vois-tu dans ses discours qu'ils s'entendent tous deux ?

ZATIME.

Elle n'a point parlé. Toujours évanouie,
Madame, elle ne marque aucun reste de vie
Que par de longs soupirs et des gémissemens
Qu'il semble que son cœur va suivre à tous momens :
Vos femmes, dont le soin à l'envi la soulage,
Ont découvert son sein pour leur donner passage.
Moi-même, avec ardeur secondant ce dessein,
J'ai trouvé ce billet enfermé dans son sein ;
Du prince votre amant j'ai reconnu la lettre ;
Et j'ai cru qu'en vos mains je devais le remettre.

ROXANE.

Donne... Pourquoi frémir ? et quel trouble soudain
Me glace à cet objet, et fait trembler ma main ?
Il peut l'avoir écrit sans m'avoir offensée :
Il peut même... Lisons, et voyons sa pensée.
. . . . « Ni la mort ni vous-même.
« Ne me ferez jamais prononcer que je l'aime,
« Puisque jamais je n'aimerai que vous.

Ah! de la trahison me voilà donc instruite !
Je reconnais l'appât dont ils m'avaient séduite.
Ainsi donc mon amour était récompensé,
Lâche, indigne du jour que je t'avais laissé ?
Ah! je respire enfin, et ma joie est extrême.
Que le traître, une fois, se soit trahi lui-même.
Libre des soins cruels où j'allais m'engager,
Ma tranquille fureur n'a plus qu'à se venger.
Qu'il meure : vengeons-nous. Courez : qu'on le saisisse :
Que la main des muets s'arme pour son supplice ;
Qu'ils viennent préparer ces nœuds infortunés
Par qui de ses pareils les jours sont terminés.
Cours, Zatime ; sois prompte à servir ma colère.

ZATIME.

Ah, madame !

ROXANE.
Quoi donc ?

ZATIME.
Si, sans trop vous déplaire,
Dans les justes transports, madame, où je vous vois
J'osais vous faire entendre une timide voix.
Bajazet, il est vrai, trop indigne de vivre,
Aux mains de ces cruels mérite qu'on le livre :
Mais, tout ingrat qu'il est, croyez-vous aujourd'hui,
Qu'Amurat ne soit pas plus à craindre que lui ?
Et qui sait si déjà quelque bouche infidèle
Ne l'a point averti de votre amour nouvelle ?
Des cœurs comme le sien, vous le savez assez,
Ne se regagnent plus quand ils sont offensés,
Et la plus prompte mort, dans ce moment sévère,
Devient de leur amour la marque la plus chère.

ROXANE.
Avec quelle insolence et quelle cruauté
Ils se jouaient tous deux de ma crédulité !
Quel penchant, quel plaisir je sentais à les croire !
Tu ne remportais pas une grande victoire,
Perfide, en abusant ce cœur préoccupé,
Qui lui-même craignait de se voir détrompé !

Moi qui, de ce haut rang qui me rendait si fière,
Dans le sein du malheur t'ai cherché la première
Pour attacher des jours tranquilles, fortunés
Aux périls dont tes jours étaient environnés ;
Après tant de bonté, de soin, d'ardeurs extrêmes,
Tu ne saurais jamais prononcer que tu m'aimes !
Mais dans quel souvenir me laissé-je égarer ?
Tu pleures, malheureuse ! Ah ! tu devais pleurer
Lorsque, d'un vain désir à ta perte poussée,
Tu conçus de le voir la première pensée.
Tu pleures ! et l'ingrat, tout prêt à te trahir,
Prépare les discours dont il veut t'éblouir ;
Pour plaire à ta rivale, il prend soin de sa vie.
Ah ! traître ! tu mourras !... Quoi ! tu n'es point partie !
Va. Mais nous-mêmes allons, précipitons nos pas :
Qu'il me voie, attentive au soin de son trépas,
Lui montrer à la fois, et l'ordre de son frère,
Et de sa trahison ce gage trop sincère.
Toi, Zatime, retiens ma rivale en ces lieux.
Qu'il n'ait, en expirant, que ses cris pour adieux :
Qu'elle soit cependant fidèlement servie ;
Prends soin d'elle : ma haine a besoin de sa vie.
Ah ! si, pour son amant facile à s'attendrir,
La peur de son trépas la fit presque mourir,
Quel surcroît de vengeance et de douceur nouvelle
De le montrer bientôt pâle et mort devant elle ;
De voir sur cet objet ses regards arrêtés
Me payer les plaisirs que je leur ai prêtés !
Va, retiens-la. Sur-tout, garde bien le silence.
Moi... Mais qui vient ici différer ma vengeance ?

SCÈNE VI.

ROXANE, ACOMAT, OSMIN.

ACOMAT.

Que faites-vous, madame ? en quels retardemens
D'un jour si précieux perdez-vous le momens ?
Byzance, par mes soins presque entière assemblée,

Interroge ses chefs, de leur crainte troublée :
Et tous pour s'expliquer, ainsi que mes amis,
Attendent le signal que vous m'aviez promis.
D'où vient que, sans répondre à leur impatience,
Le sérail cependant garde un triste silence ?
Déclarez-vous, madame ; et sans plus différer...

ROXANE.

Oui, vous serez content, je vais me déclarer.

ACOMAT.

Madame, quel regard, et quelle voix sévère,
Malgré votre discours, m'assurent du contraire ?
Quoi ! déjà votre amour, des obstacles vaincu...

ROXANE.

Bajazet est un traître, et n'a que trop vécu.

ACOMAT.

Lui !

ROXANE.

Pour moi, pour vous-même, également perfide,
Il nous trompait tous deux.

ACOMAT.

Comment ?

ROXANE.

Cette Atalide,
Qui même n'était pas un assez digne prix
De tout ce que pour lui vous avez entrepris...

ACOMAT.

Hé bien ?

ROXANE.

Lisez. Jugez, après cette insolence,
Si nous devons d'un traître embrasser la défense.
Obéissons plutôt à la juste rigueur
D'Amurat qui s'approche et retourne vainqueur ;
Et, livrant sans regret un indigne complice,
Apaisons le sultan par un prompt sacrifice.

ACOMAT, *lui rendant le billet.*

Oui, puisque jusque-là l'ingrat m'ose outrager,
Moi-même, s'il le faut, je m'offre à vous venger,
Madame. Laissez-moi nous laver l'un et l'autre
Du crime que sa vie a jeté sur la nôtre.

TRAGÉDIE.

Montrez-moi le chemin, j'y cours.
ROXANE.
Non, Acomat;
Laissez-moi le plaisir de confondre l'ingrat.
Je veux voir son désordre, et jouir de sa honte:
Je perdrais ma vengeance en la rendant si prompte.
Je vais tout préparer. Vous cependant, allez
Disperser promptement vos amis assemblés.

SCENE VII.
ACOMAT, OSMIN.
ACOMAT.
Demeure. Il n'est pas temps, cher Osmin, que je
sorte.
OSMIN.
Quoi! jusque-là, seigneur, votre amour vous trans-
porte?
N'avez-vous pas poussé la vengeance assez loin?
Voulez-vous de sa mort être encor le témoin?
ACOMAT.
Que veux-tu dire? Es-tu toi-même si crédule
Que de me soupçonner d'un courroux ridicule?
Moi, jaloux? Plût au ciel qu'en me manquant de foi
L'imprudent Bajazet n'eût offensé que moi!
OSMIN.
Et pourquoi donc, seigneur, au lieu de le défendre...
ACOMAT.
Eh! la sultane est-elle en état de m'entendre?
Ne voyais-tu pas bien, quand je l'allais trouver,
Que j'allais avec lui me perdre, ou me sauver?
Ah! de tant de conseils évènement sinistre!
Prince aveugle! Ou plutôt trop aveugle ministre,
Il te sied bien d'avoir en de si jeunes mains
Chargé d'ans et d'honneurs, confié tes desseins,
Et laissé d'un visir la fortune flottante
Suivre de ces amans la conduite imprudente!
OSMIN.
Hé! laissez-les entre eux exercer leur courroux:

Bajazet veut périr ; seigneur, songez à vous.
Qui peut de vos desseins révéler le mystère,
Sinon quelques amis engagés à se taire?
Vous verrez par sa mort le sultan adouci.

ACOMAT.

Roxane en sa fureur peut raisonner ainsi :
Mais moi qui vois plus loin ; qui, par un long usage,
Des maximes du trône ai fait l'apprentissage ;
Qui, d'emplois en emplois, vieilli sous trois sultans,
Ai vu de mes pareils les malheurs éclatans ;
Je sais, sans me flatter, que de sa seule audace
Un homme tel que moi doit attendre sa grace,
Et qu'une mort sanglante est l'unique traité
Qui reste entre l'esclave et le maître irrité.

OSMIN.

Fuyez donc.

ACOMAT.

J'approuvais tantôt cette pensée :
Mon entreprise alors était moins avancée :
Mais il m'est désormais trop dur de reculer.
Par une belle chute il faut me signaler,
Et laisser un débris du moins après ma suite,
Qui de mes ennemis retarde la poursuite.
Bajazet vit encor : pourquoi nous étonner ?
Acomat de plus loin a su le ramener.
Sauvons-le malgré lui de ce péril extrême,
Pour nous, pour nos amis, pour Roxane elle-même.
Tu vois combien son cœur, prêt à le protéger,
A retenu mon bras trop prompt à la venger.
Je connais peu l'amour ; mais j'ose te répondre
Qu'il n'est pas condamné, puisqu'on veut le confondre,
Que nous avons du temps. Malgré son désespoir,
Roxane l'aime encore, Osmin, et le va voir.

OSMIN.

Enfin, que vous inspire une si noble audace ?
Si Roxane l'ordonne, il faut quitter la place :
Ce palais est tout plein...

ACOMAT.

Oui, d'esclaves obscurs,
Nourris

Nourris, loin de la guerre, à l'ombre de ses murs.
Mais toi, dont la valeur, d'Amurat oubliée,
Par de communs chagrins à mon sort s'est liée,
Voudras-tu jusqu'au bout seconder mes fureurs ?

OSMIN.

Seigneur, vous m'offensez. Si vous mourez, je meurs.

ACOMAT.

D'amis et de soldats une troupe hardie
Aux portes du palais attend notre sortie ;
La sultane d'ailleurs se fie à mes discours ;
Nourri dans le sérail, j'en connais les détours ;
Je sais de Bajazet l'ordinaire demeure ;
Ne tardons plus, marchons : et, s'il faut que je meure,
Mourons ; moi, cher Osmin, comme un visir; et toi,
Comme le favori d'un homme tel que moi.

Fin du quatrième Acte.

ACTE V.

SCENE PREMIÈRE.

ATALIDE.

Hélas ! je cherche en vain ; rien ne s'offre à ma vue.
Malheureuse ! comment puis-je l'avoir perdue ?
Ciel, aurais-tu permis que mon funeste amour
Exposât mon amant tant de fois en un jour ?
Que, pour dernier malheur, cette lettre fatale
Fût encor parvenue aux yeux de ma rivale ?
J'étais en ce lieu même ; et ma timide main,
Quand Roxane a paru, l'a cachée en mon sein.
Sa présence a surpris mon ame désolée ;
Ses menaces, sa voix, un ordre m'a troublée ;
J'ai senti défaillir ma force et mes esprits :
Ses femmes m'entouraient quand je les ai repris ;
A mes yeux étonnés leur troupe est disparue.
Ah ! trop cruelles mains qui m'avez secourue,
Vous m'avez vendu cher vos secours inhumains :
Et par vous cette lettre a passé dans ses mains.
Quels desseins maintenant occupent sa pensée ?
Sur qui sera d'abord sa vengeance exercée ?
Quel sang pourra suffire à son ressentiment ?
Ah ! Bajazet est mort, ou meurt en ce moment.
Cependant on m'arrête, on me tient enfermée.
On ouvre. De son sort je vais être informée.

SCENE II.

ROXANE, ATALIDE, ZATIME, GARDES.

ROXANE, *à Atalide.*

Retirez-vous.

TRAGÉDIE.

ATALIDE.
Madame... excusez l'embarras...
ROXANE.
Retirez-vous, vous dis-je; et ne répliquez pas.
Gardes, qu'on la retienne.

SCÈNE III.

ROXANE, ZATIME.

ROXANE.
Oui, tout est prêt, Zatime.
Orcan et les muets attendent leur victime.
Je suis pourtant toujours maîtresse de son sort :
Je puis le retenir. Mais s'il sort, il est mort.
Vient-il ?
ZATIME.
Oui, sur mes pas un esclave l'amène ;
Et, loin de soupçonner sa disgrace prochaine,
Il m'a paru, madame, avec empressement
Sortir, pour vous chercher, de son appartement.
ROXANE.
Ame lâche, et trop digne enfin d'être déçue,
Peux-tu souffrir encor qu'il paraisse à ta vue ?
Crois-tu par tes discours le vaincre ou l'étonner ?
Quand même il se rendrait, peux-tu lui pardonner ?
Quoi! ne devrais-tu pas être déjà vengée ?
Ne crois-tu pas encore être assez outragée ?
Sans perdre tant d'efforts sur ce cœur endurci,
Que ne le laissons-nous périr ?... Mais le voici.

SCÈNE IV.

BAJAZET, ROXANE.

ROXANE.
Je ne vous ferai point des reproches frivoles ;
Les momens sont trop chers pour les perdre en pa-
  roles;

Mes soins vous sont connus ; en un mot, vous vivez
Et je ne vous dirais que ce que vous savez.
Malgré tout mon amour, si je n'ai pu vous plaire,
Je n'en murmure point ; quoiqu'à ne vous rien taire,
Ce même amour, peut-être, et ces mêmes bienfaits,
Auraient dû suppléer à mes faibles attraits :
Mais je m'étonne enfin que, pour reconnaissance,
Pour prix de tant d'amour, de tant de confiance,
Vous ayez si long-temps, par des détours si bas,
Feint un amour pour moi que vous ne sentiez pas.

BAJAZET.

Qui ? moi, madame ?

ROXANE.

Oui, toi. Voudrais-tu point encore
Me nier un mépris que tu crois que j'ignore ?
Ne prétendrais-tu point, par tes fausses couleurs,
Déguiser un amour qui te retient ailleurs ;
Et me jurer enfin, d'une bouche perfide,
Tout ce que tu ne sens que pour ton Atalide ?

BAJAZET.

Atalide, madame ! Oh ciel ! qui vous a dit...

ROXANE.

Tiens, perfide, regarde, et démens cet écrit.

BAJAZET, *après avoir regardé la lettre.*

Je ne vous dis plus rien : cette lettre sincère
D'un malheureux amour contient tout le mystère ;
Vous savez un secret que, tout prêt à s'ouvrir,
Mon cœur a mille fois voulu vous découvrir.
J'aime, je le confesse ; et devant que votre ame,
Prévenant mon espoir, m'eût déclaré sa flamme,
Déjà plein d'un amour, dès l'enfance formé,
A tout autre désir mon cœur était fermé.
Vous me vîntes offrir et la vie et l'empire ;
Et même votre amour, si j'ose vous le dire,
Consultant vos bienfaits les crut, et sur leur foi
De tous mes sentimens vous répondit pour moi.
Je connus votre erreur. Mais que pouvais-je faire ?
Je vis en même temps qu'elle vous était chère.
Combien le trône tente un cœur ambitieux !

Un si noble présent me fit ouvrir les yeux.
Je chéris, j'acceptai, sans tarder davantage,
L'heureuse occasion de sortir d'esclavage;
D'autant plus qu'il fallait l'accepter ou périr;
D'autant plus que vous-même, ardente à me l'offrir,
Vous ne craigniez rien tant que d'être refusée;
Que même mes refus vous auraient exposée;
Qu'après avoir osé me voir et me parler,
Il était dangereux pour vous de reculer.
Cependant, je n'en veux pour témoins que vos plaintes,
Ai-je pu vous tromper par des promesses feintes?
Songez combien de fois vous m'avez reproché
Un silence témoin de mon trouble caché:
Plus l'effet de vos soins et ma gloire étaient proches,
Plus mon cœur interdit se faisait de reproches.
Le ciel, qui m'entendait, sait bien qu'en même temps
Je ne m'arrêtais pas à des vœux impuissans;
Et si l'effet enfin, suivant mon espérance,
Eût ouvert un champ libre à ma reconnaissance,
J'aurais, par tant d'honneurs, par tant de dignités,
Contenté votre orgueil et payé vos bontés,
Que vous-même peut-être...

ROXANE.
                    Et que pourrais-tu faire?
Sans l'offre de ton cœur, par où peux-tu me plaire?
Quels seraient de tes vœux les inutiles fruits?
Ne te souvient-il plus de tout ce que je suis?
Maîtresse du sérail, arbitre de ta vie,
Et même de l'état qu'Amurat me confie,
Sultane, et, ce qu'en vain j'ai cru trouver en toi,
Souveraine d'un cœur qui n'eût aimé que moi:
Dans ce comble de gloire où je suis arrivée,
A quel indigne honneur m'avais-tu réservée?
Traînerais-je en ces lieux un sort infortuné,
Vil rebut d'un ingrat que j'aurais couronné,
De mon rang descendue, à mille autres égale,
Ou la première esclave enfin de ma rivale?
  Laissons ces vains discours; et sans m'importuner,

Pour la dernière fois, veux-tu vivre et régner ?
J'ai l'ordre d'Amurat, et je puis t'y soustraire.
Mais tu n'as qu'un moment : parle.

BAJAZET.

Que faut-il faire ?

ROXANE.

Ma rivale est ici : suis-moi sans différer
Dans les mains des muets viens la voir expirer ;
Et, libre d'un amour à ta gloire funeste,
Viens m'engager ta foi ; le temps fera le reste.
Ta grace est à ce prix, si tu veux l'obtenir.

BAJAZET.

Je ne l'accepterais que pour vous en punir ;
Que pour faire éclater aux yeux de tout l'empire
L'horreur et le mépris que cette offre m'inspire.
  Mais à quelle fureur me laissant emporter
Contre ses tristes jours vais-je vous irriter !
De mes emportemens elle n'est point complice,
Ni de mon amour même et de mon injustice :
Loin de me retenir par des conseils jaloux,
Elle me conjurait de me donner à vous.
En un mot, séparez ses vertus de mon crime.
Poursuivez, s'il le faut, un courroux légitime ;
Aux ordres d'Amurat hâtez-vous d'obéir :
Mais laissez-moi du moins mourir sans vous haïr.
Amurat avec moi ne l'a point condamnée :
Épargnez une vie assez infortunée.
Ajoutez cette grace à tant d'autres bontés,
Madame ; et si jamais je vous fus cher...

ROXANE.

Sortez.

SCÈNE V.

ROXANE, ZATIME.

ROXANE.

Pour la dernière fois, perfide, tu m'as vue ;
Et tu vas rencontrer la peine qui t'es due.

TRAGÉDIE.

ZATIME.
Atalide à vos pieds demande à se jeter,
Et vous prie un moment de vouloir l'écouter,
Madame. Elle vous veut faire l'aveu fidèle
D'un secret important qui vous touche plus qu'elle.

ROXANE.
Oui, qu'elle vienne. Et toi, suis Bajazet qui sort;
Et, quand il sera temps, viens m'apprendre son sort.

SCÈNE VI.

ROXANE, ATALIDE.

ATALIDE.
Je ne viens plus, madame, à feindre disposée,
Tromper votre bonté si long-temps abusée;
Confuse, et digne objet de vos inimitiés,
Je viens mettre mon cœur et mon crime à vos pieds.
Oui, madame, il est vrai que je vous ai trompée:
Du soin de mon amour seulement occupée,
Quand j'ai vu Bajazet, loin de vous obéir,
Je n'ai dans mes discours songé qu'à vous trahir.
Je l'aimai dès l'enfance; et dès ce temps, madame,
J'avais par mille soins su prévenir son ame.
La sultane sa mère, ignorant l'avenir,
Hélas! pour son malheur, se plut à nous unir.
Vous l'aimâtes depuis, plus heureux l'un et l'autre,
Si, connaissant mon cœur, ou me cachant le vôtre,
Votre amour de la mienne eût su se défier!
Je ne me noircis point pour le justifier.
Je jure par le ciel qui me voit confondue,
Par ces grands Ottomans dont je suis descendue,
Et qui tous avec moi vous parlent à genoux
Pour le plus pur du sang qu'ils ont transmis en nous;
Bajazet à vos soins tôt ou tard plus sensible,
Madame, à tant d'attraits n'était pas invincible.
Jalouse, et toujours prête à lui représenter
Tout ce que je croyais digne de l'arrêter,
Je n'ai rien négligé, plaintes, larmes, colère,

Quelquefois attestant les mânes de sa mère ;
Ce jour même, des jours le plus infortuné,
Lui reprochant l'espoir qu'il vous avait donné,
Et de ma mort enfin le prenant à partie,
Mon importune ardeur ne s'est point ralentie,
Qu'arrachant malgré lui des gages de sa foi,
Je ne sois parvenue à le perdre avec moi.
  Mais pourquoi vos bontés seraient-elles lassées ?
Ne vous arrêtez point à ses froideurs passées ;
C'est moi qui l'y forçai. Les nœuds que j'ai rompus
Se rejoindront bientôt quand je ne serai plus.
Quelque peine pourtant qui soit due à mon crime,
N'ordonnez pas vous-même une mort légitime,
Et ne vous montrez point à son cœur éperdu
Couverte de mon sang par vos mains répandu :
D'un cœur trop tendre encore épargnez la faiblesse,
Vous pouvez de mon sort me laisser la maîtresse,
Madame ; mon trépas n'en sera pas moins prompt.
Jouissez d'un bonheur dont ma mort vous répond ;
Couronnez un héros dont vous serez chérie :
J'aurai soin de ma mort ; prenez soin de sa vie.
Allez, madame, allez : avant votre retour,
J'aurai d'une rivale affranchi votre amour.

ROXANE.

Je ne mérite pas un si grand sacrifice :
Je me connais, madame, et je me fais justice.
Loin de vous séparer, je prétends aujourd'hui
Par des nœuds éternels vous unir avec lui :
Vous jouirez bientôt de son aimable vue.
Levez-vous. Mais que veut Zatime tout émue ?

SCENE VII.

ROXANE, ATALIDE, ZATIME.

ZATIME.

Ah ! venez vous montrer, madame, ou désormais
Le rebelle Acomat est maître du palais :
Profanant des sultans la demeure sacrée

Ses criminels amis en ont forcé l'entrée.
Vos esclaves tremblans, dont la moitié s'enfuit,
Doutent si le visir vous sert ou vous trahit.
ROXANE.
Ah, les traîtres ! Allons, et courons les confondre.
Toi, garde ma captive, et songe à m'en répondre.

SCENE VIII.

ATALIDE, ZATIME.

ATALIDE.
Hélas ! pour qui mon cœur doit-il faire des vœux ?
J'ignore quel dessein les anime tous deux.
Si de tant de malheurs quelque pitié te touche,
Je ne demande point, Zatime, que ta bouche
Trahisse en ma faveur Roxane et son secret ;
Mais, de grace, dis-moi ce que fait Bajazet.
L'as-tu vu ? Pour ses jours n'ai-je encor rien à craindre ?

ZATIME.
Madame, en vos malheurs je ne puis que vous plaindre.

ATALIDE.
Quoi ! Roxane déjà l'a-t-elle condamné ?

ZATIME.
Madame, le secret m'est sur-tout ordonné.

ATALIDE.
Malheureuse, dis-moi seulement s'il respire.

ZATIME.
Il y va de ma vie, et je ne puis rien dire.

ATALIDE.
Ah ! c'en est trop, cruelle. Achève, et que ta main
Lui donne de ton zèle un gage plus certain ;
Perce toi-même un cœur que ton silence accable,
D'une esclave barbare esclave impitoyable :
Précipite des jours qu'elle me veut ravir ;
Montre-toi, s'il se peut, digne de la servir.
Tu me retiens en vain ; et, dès cette même heure,

Il faut que je le voie, ou du moins que je meure.

SCENE IX.

ATALIDE, ACOMAT, ZATIME.

ACOMAT.

Ah, que fait Bajazet? où le puis-je trouver.
Madame? Aurai-je encor le temps de le sauver?
Je cours tout le sérail; et, même dès l'entrée,
De mes braves amis la moitié séparée
A marché sur les pas du courageux Osmin;
Le reste m'a suivi par un autre chemin.
Je cours, et je ne vois que des troupes craintives
D'esclaves effrayés, de femmes fugitives.

ATALIDE.

Ah! je suis de son sort moins instruite que vous.
Cette esclave le sait.

ACOMAT.

Crains mon juste courroux,
Malheureuse; réponds.

SCENE X.

ATALIDE, ACOMAT, ZATIME, ZAIRE.

ZAÏRE.

Madame.

ATALIDE.

Hé bien, Zaïre?
Qu'est-ce?

ZAÏRE.

Ne craignez plus: votre ennemie expire.

ATALIDE.

Roxane...

ZAÏRE.

Et ce qui va bien plus vous étonner,
Orcan lui-même, Orcan vient de l'assassiner.

ATALIDE.

Quoi! lui?

TRAGÉDIE.

ZAÏRE.
Désespéré d'avoir manqué son crime,
Sans doute il a voulu prendre cette victime.

ATALIDE.
Juste ciel, l'innocence a trouvé ton appui !
Bajazet vit encor, visir, courez à lui.

ZAIRE.
Par la bouche d'Osmin vous serez mieux instruite ;
Il a tout vu.

SCENE XI.

ATALIDE, ACOMAT, ZAIRE, OSMIN.

ACOMAT.
Ses yeux ne l'ont-ils point séduite ?
Roxane est-elle morte ?

OSMIN.
Oui ; j'ai vu l'assassin
Retirer son poignard tout fumant de son sein.
Orcan, qui méditait ce cruel stratagème,
La servait à dessein de la perdre elle-même ;
Et le sultan l'avait chargé secrètement
De lui sacrifier l'amante après l'amant.
Lui-même d'aussi loin qu'il nous a vus paraître,
« Adorez, a-t-il dit, l'ordre de votre maître,
« De son auguste seing reconnaissez les traits,
« Perfides, et sortez de ce sacré palais. »
A ce discours, laissant la sultane expirante,
Il a marché vers nous ; et d'une main sanglante
Il nous a déployé l'ordre dont Amurat
Autorise ce monstre à ce double attentat.
Mais, seigneur, sans vouloir l'écouter davantage,
Transportés à la fois de douleur et de rage,
Nos bras impatiens ont puni son forfait,
Et vengé dans son sang la mort de Bajazet.

ATALIDE.
Bajazet !

ACOMAT.
Que dis-tu ?

OSMIN.
Bajazet est sans vie.
L'ignorez-vous ?
ATALIDE.
Oh ciel !
OSMIN.
Son amante en furie,
Près de ces lieux, seigneur, craignant votre secours,
Avait au nœud fatal abandonné ses jours.
Moi-même des objets j'ai vu le plus funeste,
Et de sa vie en vain j'ai cherché quelque reste ;
Bajazet était mort. Nous l'avons rencontré
De morts et de mourans noblement entouré,
Que, vengeant sa défaite, et cédant sous le nombre,
Ce héros a forcés d'accompagner son ombre.
Mais, puisque c'en est fait, seigneur, songeons à nous.

ACOMAT.
Ah ! destins ennemis, où me réduisez-vous ?
Je sais en Bajazet la perte que vous faites,
Madame ; je sais trop qu'en l'état où vous êtes
Il ne m'appartient point de vous offrir l'appui
De quelques malheureux qui n'espéraient qu'en lui :
Saisi, désespéré d'une mort qui m'accable,
Je vais, non point sauver cette tête coupable,
Mais, redevable aux soins de mes tristes amis,
Défendre jusqu'au bout leurs jours qu'ils m'ont commis.
Pour vous, si vous voulez qu'en quelque autre contrée
Nous allions confier votre tête sacrée,
Madame, consultez : maîtres de ce palais,
Mes fidèles amis attendront vos souhaits :
Et moi, pour ne point perdre un temps si salutaire,
Je cours où ma présence est encor nécessaire,
Et jusqu'au pied des murs que la mer vient laver
Sur mes vaisseaux tout prêts je viens vous retrouver.

TRAGÉDIE.

SCENE XII.

ATALIDE, ZAIRE.

ATALIDE.

Enfin, c'en est donc fait ; et, par mes artifices,
Mes injustes soupçons, mes funestes caprices,
Je suis donc arrivée au douloureux moment
Où je vois par mon crime expirer mon amant !
N'était-ce pas assez, cruelle destinée,
Qu'à lui survivre, hélas ! je fusse condamnée ?
Et fallait-il encor que, pour comble d'horreurs,
Je ne pusse imputer sa mort qu'à mes fureurs ?
Oui, c'est moi, cher amant, qui t'arrache la vie ;
Roxane ou le sultan ne te l'ont point ravie ;
Moi seule j'ai tissu le lien malheureux
Dont tu viens d'éprouver les détestable nœuds.
Et je puis, sans mourir, en souffrir la pensée,
Moi, qui n'ai pu tantôt, de ta mort menacée,
Retenir mes esprits prompts à m'abandonner !
Ah ! n'ai-je eu de l'amour que pour t'assassiner ?
Mais c'en est trop ; il faut, par un prompt sacrifice,
Que ma fidèle main te venge et me punisse.
   Vous, de qui j'ai troublé la gloire et le repos,
Héros, qui deviez tous revivre en ce héros ;
Toi, mère malheureuse, et qui, dès notre enfance,
Me confias son cœur dans une autre espérance,
Infortuné visir, amis désespérés,
Roxane, venez tous, contre moi conjurés,
Tourmenter à la fois une amante éperdue,
Et prenez la vengeance enfin qui vous est due.

                         (*Elle se tue.*)

ZAÏRE.

Ah, madame !... Elle expire. Oh ciel ! en ce malheur
Que ne puis-je avec elle expirer de douleur !

Fin de Bajazet.

MITHRIDATE,

TRAGÉDIE.

1673.

PERSONNAGES.

MITHRIDATE, roi de Pont et de quantité d'autres royaumes.

MONIME, accordée avec Mithridate, et déjà déclarée reine.

PHARNACE, } fils de Mithridate, mais de dif-
XIPHARÈS, } férentes mères.

ARBATE, confident de Mithridate, et gouverneur de la place de Nymphée.

PHŒDIME, confidente de Monime.

ARCAS, domestique de Mithridate.

GARDES.

La scène est à Nymphée, port de mer sur le Bosphore Cimmérien, dans la Chersonèse Taurique.

MITHRIDATE,
TRAGEDIE.

ACTE PREMIER.

SCÈNE PREMIERE.
XIPHARÈS, ARBATE.

XIPHARÈS.

On nous faisait, Arbate, un fidèle rapport :
Rome en effet triomphe, et Mithridate est mort.
Les Romains vers l'Euphrate ont attaqué mon père,
Et trompé dans la nuit sa prudence ordinaire.
Après un long combat, tout son camp dispersé
Dans la foule des morts, en fuyant, l'a laissé ;
Et j'ai su qu'un soldat dans les mains de Pompée
Avec son diadème a remis son épée.
Ainsi ce roi, qui seul a durant quarante ans
Lassé tout ce que Rome eut de chefs importans,
Et qui, dans l'Orient balançant la fortune,
Vengeait de tous les rois la querelle commune,
Meurt, et laisse après lui, pour venger son trépas,
Deux fils infortunés qui ne s'accordent pas.

ARBATE.
Vous, seigneur ! Quoi ! l'ardeur de régner en sa place
Rend déjà Xipharès ennemi de Pharnace ?

XIPHARÈS.
Non, je ne prétends point, cher Arbate, à ce prix
D'un malheureux empire acheter le débris.
Je sais en lui des ans respecter l'avantage ;
Et, content des états marqués pour mon partage,
Je verrai sans regret tomber entre ses mains

Tout ce que lui promet l'amitié des Romains.
ARBATE.
L'amitié des Romains ! le fils de Mithridate,
Seigneur ! Est-il bien vrai ?
XIPHARÈS.
N'en doute point, Arbate.
Pharnace, dès long-temps tout Romain dans le cœur,
Attend tout maintenant de Rome et du vainqueur:
Et moi, plus que jamais à mon père fidèle,
Je conserve aux Romains une haine immortelle.
Cependant et ma haine et ses prétentions
Sont les moindres sujets de nos divisions.
ARBATE.
Et quel autre intérêt contre lui vous anime ?
XIPHARÈS.
Je m'en vais t'étonner. Cette belle Monime
Qui du roi notre père attira tous les vœux,
Dont Pharnace, après lui, se déclare amoureux....
ARBATE.
Hé bien, seigneur ?
XIPHARÈS.
Je l'aime ; et ne veux plus m'en taire,
Puisqu'enfin pour rival je n'ai plus que mon frère.
Tu ne t'attendais pas, sans doute, à ce discours :
Mais ce n'est point, Arbate, un secret de deux jours;
Cet amour s'est long-temps accru dans le silence.
Que n'en puis-je à tes yeux marquer la violence,
Et mes premiers soupirs, et mes derniers ennuis !
Mais, en l'état funeste où nous sommes réduits,
Ce n'est guère le temps d'occuper ma mémoire
A rappeler le cours d'une amoureuse histoire.
Qu'il te suffise donc, pour me justifier,
Que je vis, que j'aimai la reine le premier ;
Que mon père ignorait jusqu'au nom de Monime
Quand je conçus pour elle un amour légitime.
Il la vit : mais, au lieu d'offrir à ses beautés
Un hymen et des vœux dignes d'être écoutés,
Il crut que, sans prétendre une plus haute gloire,
Elle lui céderait une indigne victoire.

Tu sais par quels efforts il tenta sa vertu ;
Et que, lassé d'avoir vainement combattu,
Absent, mais toujours plein de son amour extrême,
Il lui fit par tes mains porter son diadème.
Juge de mes douleurs, quand des bruits trop certains
M'annoncèrent du roi l'amour et les desseins ;
Quand je sus qu'à son lit Monime réservée
Avait pris avec toi le chemin de Nymphée.
Hélas ! ce fut encor dans ce temps odieux
Qu'aux offres des Romains ma mère ouvrit les yeux :
Ou pour venger sa foi par cet hymen trompée,
Ou ménageant pour moi la faveur de Pompée,
Elle trahit mon père, et rendit aux Romains
La place et les trésors confiés en ses mains.
Que devins-je au récit du crime de ma mère !
Je ne regardai plus mon rival dans mon père ;
J'oubliai mon amour par le sien traversé :
Je n'eus devant les yeux que mon père offensé.
J'attaquai les Romains ; et ma mère éperdue
Me vit, en reprenant cette place rendue,
A mille coups mortels contre eux me dévouer,
Et chercher, en mourant, à la désavouer.
L'Euxin, depuis ce temps, fut libre, et l'est encore ;
Et des rives de Pont aux rives du Bosphore
Tout reconnut mon père : et ses heureux vaisseaux
N'eurent plus d'ennemis que les vents et les eaux.
Je voulais faire plus, je prétendais, Arbate,
Moi-même à son secours m'avancer vers l'Euphrate.
Je fus soudain frappé du bruit de son trépas.
Au milieu de mes pleurs, je ne le cèle pas,
Monime, qu'en tes mains mon père avait laissée,
Avec tous ses attraits revint en ma pensée.
Que dis-je en ce malheur je tremblai pour ses jours ;
Je redoutai du roi les cruelles amours :
Tu sais combien de fois ses jalouses tendresses
Ont pris soin d'assurer la mort de ses maîtresses.
Je volai vers Nymphée ; et mes tristes regards
Rencontrèrent Pharnace au pied de ses remparts.
J'en conçus, je l'avoue, un présage funeste.

MITHRIDATE,

Tu nous reçus tous deux, et tu sais tout le reste.
Pharnace, en ses desseins toujours impétueux,
Ne dissimula point ses vœux présomptueux :
De mon père à la reine il conta la disgrace,
L'assura de sa mort, et s'offrit en sa place.
Comme il le dit, Arbate, il veut l'exécuter.
Mais enfin, à mon tour, je prétends éclater :
Autant que mon amour respecta la puissance
D'un père à qui je fus dévoué dès l'enfance,
Autant ce même amour, maintenant révolté,
De ce nouveau rival brave l'autorité.
Ou Monime, à ma flamme elle-même contraire,
Condamnera l'aveu que je prétends lui faire ;
Ou bien, quelque malheur qu'il en puisse avenir.
Ce n'est que par ma mort qu'on la peut obtenir.
 Voilà tous les secrets que je voulais t'apprendre.
C'est à toi de choisir quel parti tu dois prendre ;
Qui des deux te paraît plus digne de ta foi,
L'esclave des Romains ou le fils de ton roi.
Fier de leur amitié, Pharnace croit peut-être
Commander dans Nymphée et me parler en maître.
Mais ici mon pouvoir ne connaît point le sien :
Le Pont est son partage, et Colchos est le mien ;
Et l'on sait que toujours la Colchide et ses princes
Ont compté ce Bosphore au rang de leurs provinces.

ARBATE.
Commandez-moi, seigneur. Si j'ai quelque pouvoir,
Mon choix est déjà fait, je ferai mon devoir :
Avec le même zèle, avec la même audace,
Que je servais le père, et gardais cette place
Et contre votre frère et même contre vous,
Après la mort du roi je vous sers contre tous.
Sans vous, ne sais-je pas que ma mort assurée
De Pharnace en ces lieux allait suivre l'entrée ?
Sais-je pas que mon sang, par ses mains répandu,
Eût souillé ce rempart contre lui défendu ?
Assurez-vous du cœur et du choix de la reine :
Du reste, ou mon crédit n'est plus qu'une ombre vaine,

TRAGÉDIE.

Ou Pharnace, laissant le Bosphore en vos mains,
Ira jouir ailleurs des bontés des Romains.
XIPHARÈS.
Que ne devrai-je point à cette ardeur extrême !
Mais on vient. Cours, ami. C'est Monime elle-même.

SCÈNE II.

MONIME, XIPHARÈS.

MONIME.

Seigneur, je viens à vous : car enfin, aujourd'hui,
Si vous m'abandonnez, quel sera mon appui ?
Sans parens, sans amis, désolée et craintive,
Reine long-temps de nom, mais en effet captive,
Et veuve maintenant sans avoir eu d'époux,
Seigneur, de mes malheurs ce sont là les plus doux.
Je tremble à vous nommer l'ennemi qui m'opprime :
J'espère toutefois qu'un cœur si magnanime
Ne sacrifiera point les pleurs des malheureux
Aux intérêts du sang qui vous unit tous deux.
Vous devez à ces mots reconnaître Pharnace.
C'est lui, seigneur, c'est lui dont la coupable audace
Veut, la force à la main, m'attacher à son sort
Par un hymen pour moi plus cruel que la mort.
Sous quel astre ennemi faut-il que je sois née !
Au joug d'un autre hymen sans amour destinée,
A peine je suis libre et goûte quelque paix,
Qu'il faut que je me livre à tout ce que je hais ?
Peut-être je devrais, plus humble en ma misère,
Me souvenir du moins que je parle à son frère :
Mais, soit raison, destin, soit que ma haine en lui
Confonde les Romains dont il cherche l'appui,
Jamais hymen formé sous le plus noir auspice
De l'hymen que je crains n'égala le supplice.
Et si Monime en pleurs ne vous peut émouvoir,
Si je n'ai plus pour moi que mon seul désespoir ;
Au pied du même autel où je suis attendue,
Seigneur, vous me verrez, à moi-même rendue,

Percer ce triste cœur qu'on veut tyranniser;
Et dont jamais encor je n'ai pu disposer.
XIPHARÈS.
Madame, assurez-vous de mon obéissance ;
Vous avez dans ces lieux une entière puissance :
Pharnace ira, s'il veut, se faire craindre ailleurs.
Mais vous ne savez pas encor tous vos malheurs.
MONIME.
Hé ! quel nouveau malheur peut affliger Monime,
Seigneur ?
XIPHARÈS.
Si vous aimer c'est faire un si grand crime,
Pharnace n'en est pas seul coupable aujourd'hui,
Et je suis mille fois plus criminel que lui.
MONIME.
Vous !
XIPHARÈS.
Mettez ce malheur au rang des plus funestes ;
Attestez, s'il le faut, les puissances célestes
Contre un sang malheureux, né pour vous tourmenter,
Père, enfans, animés à vous persécuter :
Mais, avec quelque ennui que vous puissiez apprendre
Cet amour criminel qui vient de vous surprendre,
Jamais tous vos malheurs ne sauraient approcher
Des maux que j'ai soufferts en le voulant cacher.
Ne croyez point pourtant que, semblable à Pharnace,
Je vous serve aujourd'hui pour me mettre en sa place:
Vous voulez être à vous, j'en ai donné ma foi,
Et vous ne dépendrez ni de lui ni de moi.
Mais, quand je vous aurai pleinement satisfaite,
En quels lieux avez-vous choisi votre retraite ?
Sera-ce loin, madame, ou près de mes états ?
Me sera-t-il permis d'y conduire vos pas ?
Verrez-vous d'un même œil le crime et l'innocence ?
En fuyant mon rival, fuirez-vous ma présence ?
Pour prix d'avoir si bien secondé vos souhaits,
Faudra-t-il me résoudre à ne vous voir jamais ?

TRAGÉDIE.

MONIME.

Ah! que m'apprenez-vous!

XIPHARÈS.

Hé quoi! belle Monime,
Si le temps peut donner quelque droit légitime,
Faut-il vous dire ici que le premier de tous
Je vous vis, je formai le dessein d'être à vous,
Quand vos charmes naissans, inconnus à mon père,
N'avaient encor paru qu'aux yeux de votre mère?
Ah! si, par mon devoir forcé de vous quitter,
Tout mon amour alors ne put pas éclater,
Ne vous souvient-il plus, sans compter tout le reste,
Combien je me plaignis de ce devoir funeste?
Ne vous souvient-il plus, en quittant vos beaux yeux,
Quelle vive douleur attendrit mes adieux?
Je m'en souviens tout seul : avouez-le, madame,
Je vous rappelle un songe effacé de votre ame.
Tandis que, loin de vous, sans espoir de retour
Je nourrissais encore un malheureux amour,
Contente, et résolue à l'hymen de mon père,
Tous les malheurs du fils ne vous affligeaient guère.

MONIME.

Hélas!

XIPHARÈS.

Avez-vous plaint un moment mes ennuis?

MONIME.

Prince... n'abusez point de l'état où je suis.

XIPHARÈS.

En abuser, oh ciel! quand je cours vous défendre,
Sans vous demander rien, sans oser rien prétendre;
Que vous dirai-je enfin? lorsque je vous promets
De vous mettre en état de ne me voir jamais!

MONIME.

C'est me promettre plus que vous ne sauriez faire.

XIPHARÈS.

Quoi! malgré mes sermens, vous croyez le contraire?
Vous croyez qu'abusant de mon autorité
Je prétends attenter à votre liberté?

On vient, madame, on vient : expliquez-vous de grace ;
Un mot.

MONIME.
Défendez-moi des fureurs de Pharnace :
Pour me faire, seigneur, consentir à vous voir,
Vous n'aurez pas besoin d'un injuste pouvoir.

XIPHARÈS.
Ah, madame !

MONIME.
Seigneur, vous voyez votre frère.

SCÈNE III.
MONIME, PHARNACE, XIPHARÈS.

PHARNACE.
Jusques à quand, madame, attendrez-vous mon père ?
Des témoins de sa mort viennent à tous momens
Condamner votre doute et vos retardemens.
Venez, fuyez l'aspect de ce climat sauvage,
Qui ne parle à vos yeux que d'un triste esclavage.
Un peuple obéissant vous attend à genoux
Sous un ciel plus heureux et plus digne de vous :
Le Pont vous reconnaît dès long-temps pour sa reine ;
Vous en portez encor la marque souveraine,
Et ce bandeau royal fut mis sur votre front
Comme un gage assuré de l'empire de Pont.
Maître de cet état que mon père me laisse,
Madame, c'est à moi d'accomplir sa promesse.
Mais il faut, croyez-moi, sans attendre plus tard,
Ainsi que notre hymen presser notre départ ;
Nos intérêts communs et mon cœur le demandent.
Prêts à vous recevoir mes vaisseaux vous attendent ;
Et du pied de l'autel vous y pouvez monter,
Souveraine des mers qui vous doivent porter.

MONIME.
Seigneur, tant de bontés ont lieu de me confondre :
Mais,

Mais, puisque le temps presse, et qu'il faut vous ré-
    pondre,
Puis-je, laissant la feinte et les déguisemens,
Vous découvrir ici mes secrets sentimens ?
PHARNACE.
Vous pouvez tout.
MONIME.
            Je crois que je vous suis connue.
Ephèse est mon pays : mais je suis descendue
D'aïeux, ou rois, seigneur, ou héros qu'autrefois
Leur vertu, chez les Grecs, mit au-dessus des rois.
Mithridate me vit ; Ephèse, et l'Ionie,
A son heureux empire était alors unie :
Il daigna m'envoyer ce gage de sa foi.
Ce fut pour ma famille une suprême loi :
Il fallut obéir. Esclave couronnée,
Je partis pour l'hymen où j'étais destinée.
Le roi, qui m'attendait au sein de ses états,
Vit emporter ailleurs ses desseins et ses pas,
Et, tandis que la guerre occupait son courage,
M'envoya dans ces lieux éloignés de l'orage.
J'y vins : j'y suis encor. Mais cependant, seigneur,
Mon père paya cher ce dangereux honneur ;
Et les Romains vainqueurs, pour première victime,
Prirent Philopœmen, le père de Monime.
Sous ce titre funeste il se vit immoler ;
Et c'est de quoi, seigneur, j'ai voulu vous parler.
Quelque juste fureur dont je sois animée,
Je ne puis point à Rome opposer une armée ;
Inutile témoin de tous ses attentats,
Je n'ai pour me venger ni sceptre ni soldats :
Enfin, je n'ai qu'un cœur. Tout ce que je puis faire,
C'est de garder la foi que je dois à mon père,
De ne point dans son sang aller tremper mes mains
En épousant en vous l'allié des Romains.
PHARNACE.
Que parlez-vous de Rome et de son alliance ?
Pourquoi tout ce discours et cette défiance ?
Qui vous dit qu'avec eux je prétends m'allier ?

MITHRIDATE,

MONIME.

Mais vous-même, seigneur, pouvez-vous le nier ?
Comment m'offririez-vous l'entrée et la couronne
D'un pays que par-tout leur armée environne,
Si le traité secret qui vous lie aux Romains
Ne vous en assurait l'empire et les chemins ?

PHARNACE.

De mes intentions je pourrais vous instruire,
Et je sais les raisons que j'aurais à vous dire,
Si, laissant en effet les vains déguisemens,
Vous m'aviez expliqué vos secrets sentimens.
Mais enfin je commence, après tant de traverses,
Madame, à rassembler vos excuses diverses ;
Je crois voir l'intérêt que vous voulez celer,
Et qu'un autre qu'un père ici vous fait parler.

XIPHARÈS.

Quel que soit l'intérêt qui fait parler la reine,
La réponse, seigneur, doit-elle être incertaine ?
Et contre les Romains votre ressentiment
Doit-il pour éclater balancer un moment !
Quoi ! nous aurons d'un père entendu la disgrace ;
Et, lents à le venger, prompts à remplir sa place,
Nous mettrons notre honneur et son sang en oubli !
Il est mort : savons-nous s'il est enseveli ?
Qui sait si, dans le temps que votre ame empressée
Forme d'un doux hymen l'agréable pensée,
Ce roi, que l'Orient tout plein de ses exploits
Peut nommer justement le dernier de ses rois,
Dans ses propres états privé de sépulture,
Ou couché sans honneur dans une foule obscure,
N'accuse point le ciel qui le laisse outrager,
Et deux indignes fils qui n'osent le venger ?
Ah ! ne languissons plus dans un coin du Bosphore :
Si dans tout l'univers quelque roi libre encore,
Parthe, scythe, ou sarmate, aime sa liberté,
Voilà nos alliés ; marchons de ce côté.
Vivons, ou périssons dignes de Mithridate ;
Et songeons bien plutôt, quelque amour qui nous flatte,

A défendre du joug et nous et nos états,
Qu'à contraindre des cœurs qui ne se donnent pas.
PHARNACE.
Il sait vos sentimens. Me trompais-je, madame ?
Voilà cet intérêt si puissant sur votre ame,
Ce père, ces Romains que vous me reprochez.
XIPHARÈS.
J'ignore de son cœur les sentimens cachés ;
Mais je m'y soumettrais sans vouloir rien prétendre,
Si, comme vous, seigneur, je croyais les entendre.
PHARNACE.
Vous feriez bien ; et moi, je fais ce que je doi.
Votre exemple n'est pas une règle pour moi.
XIPHARÈS.
Toutefois en ces lieux je ne connais personne
Qui ne doive imiter l'exemple que je donne.
PHARNACE.
Vous pourriez à Colchos vous expliquer ainsi.
XIPHARÈS.
Je le puis à Colchos, et je le puis ici.
PHARNACE.
Ici vous y pourriez rencontrer votre perte.

SCENE IV.

MONIME, PHARNACE, XIPHARÈS, PHŒDIME.

PHŒDIME.
Princes, toute la mer est de vaisseaux couverte ;
Et bientôt, démentant le faux bruit de sa mort,
Mithridate lui-même arrive dans le port.
MONIME.
Mithridate !
XIPHARÈS.
Mon père !
PHARNACE.
Ah ! que viens-je d'entendre !

PHŒDIME.
Quelques vaisseaux légers sont venus nous l'apprendre ;
C'est lui-même : et déjà, pressé de son devoir,
Arbate loin du bord l'est allé recevoir.

XIPHARÈS, *à Monime.*

Qu'avons-nous fait !

MONIME, *à Xipharès.*

Adieu, prince. Quelle nouvelle !

SCENE V.

PHARNACE, XIPHARÈS.

PHARNACE, *à part.*

Mithridate revient ! Ah, fortune cruelle !
Ma vie et mon amour tous deux courent hasard.
Les Romains que j'attends arriveront trop tard :
Comment faire ?

(*à Xipharès.*)

J'entends que votre cœur soupire,
Et j'ai conçu l'adieu qu'elle vient de vous dire,
Prince : mais ce discours demande un autre temps ;
Nous avons aujourd'hui des soins plus importans.
Mithridate revient, peut-être inexorable :
Plus il est malheureux, plus il est redoutable ;
Le péril est pressant plus que vous ne pensez.
Nous sommes criminels ; et vous le connaissez :
Rarement l'amitié désarme sa colère ;
Ses propres fils n'ont point de juge plus sévère ;
Et nous l'avons vu même à ses cruels soupçons
Sacrifier deux fils pour de moindres raisons.
Craignons pour vous, pour moi, pour la reine elle-même ;
Je la plains d'autant plus que Mithridate l'aime :
Amant avec transports, mais jaloux sans retour,
Sa haine va toujours plus loin que son amour.
Ne vous assurez point sur l'amour qu'il vous porte :
Sa jalouse fureur n'en sera que plus forte.

Songez-y. Vous avez la faveur des soldats,
Et j'aurai des secours que je n'explique pas.
M'en croirez-vous ? courons assurer notre grace :
Rendons-nous, vous et moi, maîtres de cette place ;
Et faisons qu'à ses fils il ne puisse dicter
Que les conditions qu'ils voudront accepter.

XIPHARÈS.

Je sais quel est mon crime, et je connais mon père,
Et j'ai par-dessus vous le crime de ma mère :
Mais quelque amour encor qui me pût éblouir,
Quand mon père paraît je ne sais qu'obéir.

PHARNACE.

Soyons-nous donc au moins fidèles l'un à l'autre :
Vous savez mon secret ; j'ai pénétré le vôtre.
Le roi, toujours fertile en dangereux détours,
S'armera contre nous de nos moindres discours :
Vous savez sa coutume, et sous quelles tendresses
Sa haine sait cacher ses trompeuses adresses.
Allons ; puisqu'il le faut, je marche sur vos pas :
Mais en obéissant ne nous trahissons pas.

Fin du premier Acte.

ACTE II.

SCENE PREMIÈRE.

MONIME, PHŒDIME.

PHŒDIME.

Quoi ! vous êtes ici quand Mithridate arrive !
Quand, pour le recevoir, chacun court sur la rive.
Que faites-vous, madame ? et quel ressouvenir
Tout à coup vous arrête et vous fait revenir ?
N'offenserez-vous point un roi qui vous adore,
Qui, presque votre époux...

MONIME.

Il ne l'est pas encore,
Phœdime ; et jusque-là je crois que mon devoir
Est de l'attendre ici, sans l'aller recevoir.

PHŒDIME.

Mais ce n'est point, madame, un amant ordinaire.
Songez qu'à ce grand roi promise par un père,
Vous avez de ses feux un gage solennel
Qu'il peut, quand il voudra, confirmer à l'autel.
Croyez-moi, montrez-vous ; venez à sa rencontre.

MONIME.

Regarde en quel état tu veux que je me montre :
Vois ce visage en pleurs ; et, loin de le chercher,
Dis-moi plutôt, dis-moi que je m'aille cacher.

PHŒDIME.

Que dites-vous ? Oh dieux !

MONIME.

Ah ! retour qui me tue !
Malheureuse, comment paraîtrai-je à sa vue,
Son diadème au front, et, dans le fond du cœur,
Phœdime... Tu m'entends, et tu vois ma rougeur.

TRAGÉDIE.

PHŒDIME.
Ainsi vous retombez dans les mêmes alarmes
Qui vous ont dans la Grèce arraché tant de larmes,
Et toujours Xipharès revient vous traverser.

MONIME.
Mon malheur est plus grand que tu ne peux penser :
Xipharès ne s'offrait alors à ma mémoire
Que tout plein de vertus, que tout brillant de gloire;
Et je ne savais pas que, pour moi plein de feux,
Xipharès des mortels fût le plus amoureux.

PHŒDIME.
Il vous aime, madame ? Et ce héros aimable...

MONIME.
Est aussi malheureux que je suis misérable.
Il m'adore, Phœdime : et les mêmes douleurs
Qui m'affligeaient ici le tourmentaient ailleurs.

PHŒDIME.
Sait-il en sa faveur jusqu'où va votre estime ?
Sait-il que vous l'aimez ?

MONIME.
     Il l'ignore, Phœdime.
Les dieux m'ont secourue; et mon cœur affermi
N'a rien dit, ou du moins n'a parlé qu'à demi.
Hélas ! si tu savais, pour garder le silence,
Combien ce triste cœur s'est fait de violence,
Quels assauts, quels combats j'ai tantôt soutenus !
Phœdime, si je puis, je ne le verrai plus :
Malgré tous les efforts que je pourrais me faire,
Je verrais ses douleurs, je ne pourrais me taire.
Il viendra malgré moi m'arracher cet aveu :
Mais n'importe, s'il m'aime, il en jouira peu ;
Je lui vendrai si cher ce bonheur qu'il ignore,
Qu'il vaudrait mieux pour lui qu'il l'ignorât encore.

PHŒDIME.
On vient. Que faites-vous, madame ?

MONIME.
        Je ne puis !
Je ne paraîtrai point, dans le trouble où je suis.

MITHRIDATE,
SCÈNE II.

MITHRIDATE, PHARNACE, XIPHARÈS, ARBATE, GARDES.

MITHRIDATE.

Princes, quelques raisons que vous me puissiez dire,
Votre devoir ici n'a point dû vous conduire,
Ni vous faire quitter, en de si grands besoins,
Vous, le Pont, vous Colchos, confiés à vos soins.
Mais vous avez pour juge un père qui vous aime.
Vous avez cru des bruits que j'ai semés moi-même :
Je vous crois innocens, puisque vous le voulez,
Et je rends grace au ciel qui nous a rassemblés.
Tout vaincu que je suis, et voisin du naufrage,
Je médite un dessein digne de mon courage.
Vous en serez tantôt instruits plus amplement
Allez, et laissez-moi reposer un moment.

SCÈNE III.

MITHRIDATE, ARBATE.

MITHRIDATE.

Enfin, après un an, tu me revois, Arbate,
Non plus, comme autrefois, cet heureux Mithridate
Qui, de Rome toujours balançant le destin,
Tenait entre elle et moi l'univers incertain ;
Je suis vaincu. Pompée a saisi l'avantage
D'une nuit qui laissait peu de place au courage :
Mes soldats presque nus, dans l'ombre intimidés,
Les rangs de toutes parts mal pris et mal gardés,
Le désordre par-tout redoublant les alarmes,
Nous-mêmes contre nous tournant nos propres armes,
Les cris que les rochers renvoyaient plus affreux,
Enfin toute l'horreur d'un combat ténébreux ;
Que pouvait la valeur dans ce trouble funeste ?

Les uns sont morts, la fuite a sauvé tout le reste ;
Et je ne dois la vie, en ce commun effroi,
Qu'au bruit de mon trépas que je laisse après moi.
Quelque temps inconnu, j'ai traversé le Phase ;
Et de là, pénétrant jusqu'au pied du Caucase,
Bientôt, dans des vaisseaux sur l'Euxin préparés,
J'ai rejoint de mon camp les restes séparés.
Voilà par quels malheurs poussé dans le Bosphore
J'y trouve des malheurs qui m'attendaient encore.
Toujours du même amour tu me vois enflammé :
Ce cœur nourri de sang, et de guerre affamé,
Malgré le faix des ans et du sort qui m'opprime,
Traîne par-tout l'amour qui l'attache à Monime,
Et n'a point d'ennemis qui lui soient odieux
Plus que deux fils ingrats que je trouve en ces lieux.

ARBATE.

Deux fils, seigneur !

MITHRIDATE.

     Écoute. A travers ma colère,
Je veux bien distinguer Xipharès de son frère.
Je sais que, de tout temps à mes ordres soumis,
Il hait autant que moi nos communs ennemis ;
Et j'ai vu sa valeur, à me plaire attachée,
Justifier pour lui ma tendresse cachée :
Je sais même, je sais avec quel désespoir,
A tout autre intérêt préférant son devoir,
Il courut démentir une mère infidèle,
Et tira de son crime une gloire nouvelle ;
Et je ne puis encor ni n'oserais penser
Que ce fils si fidèle ait voulu m'offenser.
Mais tous deux en ces lieux que pouvaient-ils attendre ?
L'un et l'autre à la reine ont-ils osé prétendre ?
Avec qui semble-t-elle en secret s'accorder ?
Moi-même de quel œil dois-je ici l'aborder ?
Parle. Quelque désir qui m'entraîne auprès d'elle,
Il me faut de leurs cœurs rendre un compte fidèle.
Qu'est-ce qui s'est passé ? qu'as-tu vu ? que sais-tu ?
Depuis quel temps, pourquoi, comment t'es-tu rendu ?

ARBATE.
Seigneur, depuis huit jours l'impatient Pharnace
Aborda le premier au pied de cette place,
Et, de votre trépas autorisant le bruit,
Dans ces murs aussitôt voulut être introduit.
Je ne m'arrêtai point à ce bruit téméraire ;
Et je n'écoutais rien, si le prince son frère,
Bien moins par ses discours, seigneur, que par ses pleurs,
Ne m'eût en arrivant confirmé vos malheurs.

MITHRIDATE.
Enfin, que firent-ils ?

ARBATE.
Pharnace entrait à peine,
Qu'il courut de ses feux entretenir la reine,
Et s'offrit d'assurer, par un hymen prochain,
Le bandeau qu'elle avait reçu de votre main.

MITHRIDATE.
Traître ! sans lui donner le loisir de répandre
Les pleurs que son amour aurait dus à ma cendre !
Et son frère ?

ARBATE.
Son frère, au moins jusqu'à ce jour,
Seigneur, dans ses desseins n'a point marqué d'amour ;
Et toujours avec vous son cœur d'intelligence
N'a semblé respirer que guerre et que vengeance.

MITHRIDATE.
Mais encor, quel dessein le conduisait ici ?

ARBATE.
Seigneur, vous en serez tôt ou tard éclairci.

MITHRIDATE.
Parle, je te l'ordonne, et je veux tout apprendre.

ARBATE.
Seigneur, jusqu'à ce jour ce que j'ai pu comprendre,
Ce prince a cru pouvoir, après votre trépas,
Compter cette province au rang de ses états ;
Et, sans connaître ici des lois que son courage,

Il venait par la force appuyer son partage.
MITHRIDATE.
Ah ! c'est le moindre prix qu'il se doit proposer,
Si le ciel de mon sort me laisse disposer.
Oui, je respire, Arbate, et ma joie est extrême :
Je tremblais, je l'avoue, et pour un fils que j'aime,
Et pour moi, qui craignais de perdre un tel appui,
Et d'avoir à combattre un rival tel que lui.
Que Pharnace m'offense, il offre à ma colère
Un rival dès long-temps soigneux de me déplaire,
Qui, toujours des Romains admirateur secret,
Ne s'est jamais contre eux déclaré qu'à regret ;
Et s'il faut que pour lui Monime prévenue
Ait pu porter ailleurs une amour qui m'est due,
Malheur au criminel qui vient me la ravir,
Et qui m'ose offenser et n'ose me servir :
L'aime-t-elle ?
ARBATE.
Seigneur, je vois venir la reine.
MITHRIDATE.
Dieux, qui voyez ici mon amour et ma haine,
Épargnez mes malheurs, et daignez empêcher
Que je ne trouve encor ceux que je vais chercher !
Arbate, c'est assez : qu'on me laisse avec elle.

SCENE IV.

MITHRIDATE, MONIME.

MITHRIDATE.
Madame, enfin le ciel près de vous me rappelle,
Et, secondant du moins mes plus tendres souhaits,
Vous rend à mon amour plus belle que jamais.
Je ne m'attendais pas que de notre hyménée
Je dusse voir si tard arriver la journée,
Ni qu'en vous retrouvant, mon funeste retour
Fît voir mon infortune, et non pas mon amour.
C'est pourtant cet amour qui, de tant de retraites,
Ne me laisse choisir que les lieux où vous êtes ;

Et les plus grands malheurs pourront me sembler doux,
Si ma présence ici n'en est point un pour vous.
C'est vous en dire assez, si vous voulez m'entendre.
Vous devez à ce jour dès long-temps vous attendre;
Et vous portez, madame, un gage de ma foi,
Qui vous dit tous les jours que vous êtes à moi.
Allons donc assurer cette foi mutuelle.
Ma gloire loin d'ici vous et moi nous appelle ;
Et, sans perdre un moment pour ce noble dessein,
Aujourd'hui votre époux, il faut partir demain.

MONIME.

Seigneur, vous pouvez tout : ceux par qui je respire
Vous ont cédé sur moi leur souverain empire,
Et, quand vous userez de ce droit tout puissant,
Je ne vous répondrai qu'en vous obéissant.

MITHRIDATE.

Ainsi, prête à subir un joug qui vous opprime,
Vous n'allez à l'autel que comme une victime ;
Et moi, tyran d'un cœur qui se refuse au mien,
Même en vous possédant je ne vous devrai rien.
Ah, madame! est-ce là de quoi me satisfaire ?
Faut-il que désormais, renonçant à vous plaire,
Je ne prétende plus qu'à vous tyranniser ?
Mes malheurs, en un mot, me font-ils mépriser?
Ah ! pour tenter encor de nouvelles conquêtes
Quand je ne verrais pas des routes toutes prêtes,
Quand le sort ennemi m'aurait jeté plus bas,
Vaincu, persécuté, sans secours, sans états,
Errant de mers en mers, et moins roi que pirate,
Conservant pour tous biens le nom de Mithridate,
Apprenez que, suivi d'un nom si glorieux,
Par-tout de l'univers j'attacherais les yeux ;
Et qu'il n'est point de rois, s'ils sont dignes de l'être,
Qui, sur le trône assis, n'enviassent peut-être
Au-dessus de leur gloire un naufrage élevé,
Que Rome et quarante ans ont à peine achevé.
Vous-même, d'un autre œil me verriez-vous, madame,

Si ces Grecs vos aïeux revivaient dans votre ame ?
Et, puisqu'il faut enfin que je sois votre époux,
N'était-il pas plus noble et plus digne de vous
De joindre à ce devoir votre propre suffrage,
D'opposer votre estime au destin qui m'outrage,
Et de me rassurer, en flattant ma douleur,
Contre la défiance attachée au malheur ?...
 Hé quoi ! n'avez-vous rien, madame, à me répondre ?
Tout mon empressement ne sert qu'à vous confondre.
Vous demeurez muette ; et, loin de me parler,
Je vois, malgré vos soins, vos pleurs prêts à couler.

MONIME.

Moi, seigneur ? je n'ai point de larmes à répandre.
J'obéis, n'est-ce pas assez me faire entendre ?
Et ne suffit-il pas...

MITHRIDATE.

 Non, ce n'est pas assez.
Je vous entends ici mieux que vous ne pensez :
Je vois qu'on m'a dit vrai ; ma juste jalousie
Par vos propres discours est trop bien éclaircie :
Je vois qu'un fils perfide, épris de vos beautés,
Vous a parlé d'amour, et que vous l'écoutez.
Je vous jette pour lui dans des craintes nouvelles :
Mais il jouira peu de vos pleurs infidèles,
Madame ; et désormais tout est sourd à mes lois,
Ou bien vous l'avez vu pour la dernière fois.
Appelez Xipharès.

MONIME.

 Ah ! que voulez-vous faire ?
Xipharès..

MITHRIDATE.

 Xipharès n'a point trahi son père :
Vous vous pressez en vain de le désavouer ;
Et ma tendre amitié ne peut que s'en louer.
Ma honte en serait moindre ainsi que votre crime,
Si ce fils, en effet digne de votre estime,
A quelque amour encore avait pu vous forcer.
Mais qu'un traître, qui n'est hardi qu'à m'offenser,

De qui nulle vertu n'accompagne l'audace,
Que Pharnace, en un mot, ait pu prendre ma place,
Qu'il soit aimé, madame, et que je sois haï...

SCENE V.

MITHRIDATE, MONIME, XIPHARÈS.

MITHRIDATE.

Venez, mon fils, venez, votre père est trahi.
Un fils audacieux insulte à ma ruine,
Traverse mes desseins, m'outrage, m'assassine,
Aime la reine enfin, lui plait, et me ravit
Un cœur que son devoir à moi seul asservit.
Heureux pourtant, heureux, que dans cette disgrace
Je ne puis accuser que la main de Pharnace ;
Qu'une mère infidèle, un frère audacieux,
Vous présentent en vain leur exemple odieux !
Oui, mon fils, c'est vous seul sur qui je me repose,
Vous seul qu'aux grands desseins que mon cœur se propose
J'ai choisi dès long-temps pour digne compagnon,
L'héritier de mon sceptre, et sur-tout de mon nom.
Pharnace, en ce moment, et ma flamme offensée,
Ne peuvent pas tout seul occuper ma pensée :
D'un voyage important les soins et les apprêts,
Mes vaisseaux qu'à partir il faut tenir tout prêts,
Mes soldats, dont je veux tenter la complaisance,
Dans ce même moment demandent ma présence.
Vous cependant ici veillez pour mon repos ;
D'un rival insolent arrêtez les complots.
Ne quittez point la reine: et, s'il se peut, vous-même
Rendez-la moins contraire aux vœux d'un roi qui l'aime ;
Détournez-la, mon fils, d'un choix injurieux :
Juge sans intérêt, vous la convaincrez mieux.
En un mot, c'est assez éprouver ma faiblesse :
Qu'elle ne pousse point cette même tendresse,
Que sais-je ? à des fureurs dont mon cœur outragé
Ne se repentirait qu'après s'être vengé.

SCENE VI.

MONIME, XIPHARÈS.

XIPHARÈS.

Que dirai-je, madame ? et comment dois-je entendre
Cet ordre, ce discours que je ne puis comprendre ?
Serait-il vrai, grands dieux ! que trop aimé de vous
Pharnace eût en effet mérité ce courroux ?
Pharnace aurait-il part à ce désordre extrême ?

MONIME.

Pharnace ? oh ciel ! Pharnace ! Ah ! qu'entends-je
    moi-même.
Ce n'est-donc pas assez que ce funeste jour
A tout ce que j'aimais m'arrache sans retour,
Et que, de mon devoir esclave infortunée,
A d'éternels ennuis je me voie enchainée ;
Il faut qu'on joigne encor l'outrage à mes douleurs :
A l'amour de Pharnace on impute mes pleurs ;
Malgré toute ma haine on veut qu'il m'ait su plaire.
Je le pardonne au roi, qu'aveugle sa colère,
Et qui de mes secrets ne peut être éclairci :
Mais vous, seigneur, mais vous, me traitez-vous
    ainsi ?

XIPHARÈS.

Ah ! madame, excusez un amant qui s'égare,
Qui lui-même, lié par un devoir barbare,
Se voit près de tout perdre, et n'ose se venger.
Mais des fureurs du roi que puis-je enfin juger ?
Il se plaint qu'à ses vœux un autre amour s'oppose !
Quel heureux criminel en peut être la cause ?
Qui ? Parlez.

MONIME.

Vous cherchez, prince, à vous tourmenter.
Plaignez votre malheur, sans vouloir l'augmenter.

XIPHARÈS.

Je sais trop quel tourment je m'apprête moi-même.
C'est peu de voir un père épouser ce que j'aime ;

Voir encore un rival honoré de vos pleurs,
Sans doute, c'est pour moi le comble des malheurs :
Mais dans mon désespoir je cherche à les accroître.
Madame, par pitié, faites-le-moi connoître :
Quel est-il cet amant ? qui dois-je soupçonner ?
MONIME.
Avez-vous tant de peine à vous l'imaginer ?
Tantôt, quand je fuyais une injuste contrainte,
A qui contre Pharnace ai-je adressé ma plainte ?
Sous quel appui tantôt mon cœur s'est-il jeté ?
Quel amour ai-je enfin sans colère écouté ?
XIPHARÈS.
Oh ciel ! Quoi je serais ce bienheureux coupable
Que vous avez pu voir d'un regard favorable ?
Vos pleurs pour Xipharès auraient daigné couler :
MONIME.
Oui, prince : il n'est plus temps de le dissimuler :
Ma douleur pour se taire a trop de violence.
Un rigoureux devoir me condamne au silence ;
Mais il faut bien enfin, malgré ses dures lois,
Parler pour la première et la dernière fois.
Vous m'aimez dès long-temps : une égale tendresse
Pour vous depuis long-temps m'afflige et m'intéresse.
Songez depuis quel jour ces funestes appas
Firent naître un amour qu'ils ne méritaient pas ;
Rappelez un espoir qui ne nous dura guère,
Le trouble où vous jeta l'amour de votre père,
Le tourment de me perdre et de le voir heureux,
Les rigueurs d'un devoir contraire à tous vos vœux :
Vous n'en sauriez, seigneur, retracer la mémoire,
Ni conter vos malheurs, sans conter mon histoire ;
Et, lorsque ce matin j'en écoutais le cours,
Mon cœur vous répondait tous vos mêmes discours.
Inutile ou plutôt funeste sympathie !
Trop parfaite union par le sort démentie !
Ah ! par quel soin cruel le ciel avait-il joint
Deux cœurs que l'un pour l'autre il ne destinait point :
Car quelque soit vers vous le penchant qui m'attire,
Je vous le dis, seigneur, pour ne plus vous le dire,

Ma gloire me rappelle, et m'entraîne à l'autel,
Où je vais vous jurer un silence éternel.
J'entends, vous gémissez : mais telle est ma misère,
Je ne suis point à vous, je suis à votre père.
Dans ce dessein vous-même il faut me soutenir,
Et de mon faible cœur m'aider à vous bannir :
J'attends du moins, j'attends de votre complaisance
Que désormais par-tout vous fuirez ma présence.
J'en viens de dire assez pour vous persuader
Que j'ai trop de raisons de vous le commander.
Mais après ce moment, si ce cœur magnanime
D'un véritable amour a brûlé pour Monime,
Je ne reconnais plus la foi de vos discours,
Qu'au soin que vous prendrez de m'éviter toujours.

XIPHARÈS.

Quelle marque, grands dieux ! d'un amour déplorable !
Combien, en un moment, heureux et misérable !
De quel comble de gloire et de félicités
Dans quel abime affreux vous me précipitez !
Quoi ! j'aurai pu toucher un cœur comme le vôtre;
Vous aurez pu m'aimer ; et cependant un autre
Possèdera ce cœur dont j'attirais les vœux !
Père injuste, cruel, mais d'ailleurs malheureux !...
Vous voulez que je fuie et que je vous évite ;
Et cependant le roi m'attache à votre suite.
Que dira-t-il ?

MONIME.

N'importe, il me faut obéir.
Inventez des raisons qui puissent l'éblouir.
D'un héros tel que vous c'est là l'effort suprême :
Cherchez, prince, cherchez, pour vous trahir vous-même,
Tout ce que, pour jouir de leurs contentemens,
L'amour fait inventer aux vulgaires amans.
Enfin, je me connais, il y va de ma vie :
De mes faibles efforts ma vertu se défie.
Je sais qu'en vous voyant un tendre souvenir
Peut m'arracher du cœur quelque indigne soupir ;
Que je verrai mon ame, en secret déchirée,

Revoler vers le bien dont elle est séparée :
Mais je sais bien aussi que, s'il dépend de vous
De me faire chérir un souvenir si doux,
Vous n'empêcherez pas que ma gloire offensée
N'en punisse aussitôt la coupable pensée,
Que ma main dans mon cœur ne vous aille chercher
Pour y laver ma honte et vous en arracher.
Que dis-je ? en ce moment, le dernier qui nous reste,
Je me sens arrêter par un plaisir funeste :
Plus je vous parle, et plus, trop faible que je suis,
Je cherche à prolonger le péril que je fuis.
Il faut pourtant, il faut se faire violence ;
Et, sans perdre en adieux un reste de constance,
Je fuis. Souvenez-vous, prince, de m'éviter ;
Et méritez les pleurs que vous m'allez coûter.

XIPHARÈS.

Ah, madame !... Elle fuit et ne veut plus m'entendre.
Malheureux Xipharès, quel parti dois-tu prendre ?
On t'aime : on te bannit : toi-même tu vois bien
Que ton propre devoir s'accorde avec le sien.
Cours par un prompt trépas abréger ton supplice.
Toutefois attendons que son sort s'éclaircisse ;
Et s'il faut qu'un rival la ravisse à ma foi,
Du moins en expirant ne la cédons qu'au roi.

Fin du second acte.

ACTE III.
SCENE PREMIERE.
MITHRIDATE, PHARNACE, XIPHARÈS.

MITHRIDATE.

Approchez, mes enfans. Enfin l'heure est venue
Qu'il faut que mon secret éclate à votre vue :
A mes nobles projets je vois tout conspirer ;
Il ne me reste plus qu'à vous les déclarer.
Je fuis : ainsi le veut la fortune ennemie.
Mais vous savez trop bien l'histoire de ma vie
Pour croire que long-temps, soigneux de me cacher
J'attende en ces déserts qu'on me vienne chercher.
La guerre a ses faveurs, ainsi que ses disgraces :
Déjà plus d'une fois, retournant sur mes traces,
Tandis que l'ennemi, par ma fuite trompé,
Tenait après son char un vain peuple occupé,
Et, gravant en airain ses frêles avantages,
De mes états conquis enchaînait les images,
Le Bosphore m'a vu, par de nouveaux apprêts,
Ramener la terreur du fond de ses marais,
Et, chassant les Romains de l'Asie étonnée,
Renverser en un jour l'ouvrage d'une année.
D'autres temps, d'autres soins. L'Orient accablé
Ne peut plus soutenir leur effort redoublé :
Il voit plus que jamais ses campagnes couvertes
De Romains que la guerre enrichit de nos pertes.
Des biens des nations ravisseurs altérés,
Le bruit de nos trésors les a tous attirés ;
Ils y courent en foule, et, jaloux l'un de l'autre,
Désertent leur pays pour inonder le nôtre.
Moi seul je leur résiste : ou lassés, ou soumis,
Ma funeste amitié pèse à tous mes amis ;

Chacun à ce fardeau veut dérober sa tête.
Le grand nom de Pompée assure sa conquête ;
C'est l'effroi de l'Asie ; et loin de l'y chercher,
C'est à Rome, mes fils, que je prétends marcher.

    Ce dessein vous surprend ; et vous croyez peut-être
Que le seul désespoir aujourd'hui le fait naître.
J'excuse votre erreur : et, pour être approuvés,
De semblables projets veulent être achevés.
Ne vous figurez point que de cette contrée,
Par d'éternels remparts Rome soit séparée :
Je sais tous les chemins par où je dois passer ;
Et, si la mort bientôt ne me vient traverser,
Sans reculer plus loin l'effet de ma parole,
Je vous rends dans trois mois au pied du Capitole.
Doutez-vous que l'Euxin ne me porte en deux jours
Aux lieux où le Danube y vient finir son cours ?
Que du Scythe avec moi l'alliance jurée
De l'Europe en ces lieux ne me livre l'entrée ?
Recueilli dans leurs ports, accru de leurs soldats,
Nous verrons notre camp grossir à chaque pas.
Daces, Pannoniens, la fière Germanie,
Tous n'attendent qu'un chef contre la tyrannie :
Vous avez vu l'Espagne, et sur-tout les Gaulois,
Contre ces mêmes murs qu'ils ont pris autrefois
Exciter ma vengeance, et, jusque dans la Grèce,
Par des ambassadeurs accuser ma paresse :
Ils savent que, sur eux prêt à se déborder,
Ce torrent, s'il m'entraîne, ira tout inonder ;
Et vous les verrez tous, prévenant son ravage,
Guider dans l'Italie et suivre mon passage.

    C'est-là qu'en arrivant, plus qu'en tout le chemin,
Vous trouverez par-tout l'horreur du nom romain,
Et la triste Italie encor toute fumante
Des feux qu'a rallumés sa liberté mourante.
Non, princes, ce n'est point au bout de l'univers
Que Rome fait sentir tout le poids de ses fers :
Et de près inspirant les haines les plus fortes,
Tes plus grands ennemis, Rome, sont à tes portes.
Ah ! s'ils ont pu choisir pour leur libérateur

Spartacus, un esclave, un vil gladiateur ;
S'ils suivent au combat des brigands qui les vengent ;
De quelle noble ardeur pensez-vous qu'ils se rangent
Sous les drapeaux d'un roi long-temps victorieux,
Qui voit jusqu'à Cyrus remonter ses aïeux ?
Que dis-je ? en quel état croyez-vous la surprendre ?
Vide de légions qui la puissent défendre,
Tandis que tout s'occupe à me persécuter,
Leurs femmes, leurs enfans pourront-ils m'arrêter ?
　　Marchons, et dans son sein rejetons cette guerre
Que sa fureur envoie aux deux bouts de la terre ;
Attaquons dans leurs murs ces conquérans si fiers ;
Qu'ils tremblent à leur tour pour leurs propres foyers.
Annibal l'a prédit, croyons-en ce grand homme :
Jamais on ne vaincra les Romains que dans Rome.
Noyons-la dans son sang justement répandu :
Brûlons ce Capitole où j'étais attendu :
Détruisons ses honneurs, et faisons disparaître
La honte de cent rois, et la mienne peut-être ;
Et, la flamme à la main, effaçons tous ces noms
Que Rome y consacrait à d'éternels affronts.
　　Voilà l'ambition dont mon ame est saisie.
Ne croyez point pourtant qu'éloigné de l'Asie
J'en laisse les Romains tranquilles possesseurs :
Je sais où je lui dois trouver des défenseurs ;
Je veux que, d'ennemis par-tout enveloppée,
Rome rappelle en vain le secours de Pompée.
Le Parthe, des Romains comme moi la terreur,
Consent de succéder à ma juste fureur ;
Prêt d'unir avec moi sa haine et sa famille,
Il me demande un fils pour époux à sa fille.
Cet honneur vous regarde, et j'ai fait choix de vous,
Pharnace : allez, soyez ce bienheureux époux.
Demain, sans différer, je prétends que l'aurore
Découvre mes vaisseaux déjà loin du Bosphore :
Vous, que rien n'y retient, partez dès ce moment,
Et méritez mon choix par votre empressement ;
Achevez cet hymen ; et, repassant l'Euphrate,
Faites voir à l'Asie un autre Mithridate.

Que nos tyrans communs en pâlissent d'effroi ;
Et que le bruit à Rome en vienne jusqu'à moi.

PHARNACE.

Seigneur, je ne vous puis déguiser ma surprise.
J'écoute avec transport cette grande entreprise ;
Je l'admire ; et jamais un plus hardi dessein
Ne mit à des vaincus les armes à la main :
Sur-tout j'admire en vous ce cœur infatigable
Qui semble s'affermir sous le faix qui l'accable.
Mais, si j'ose parler avec sincérité,
En êtes-vous réduit à cette extremité ?
Pourquoi tenter si loin des courses inutiles,
Quand vos états encor vous offrent tant d'asiles ?
Et vouloir affronter des travaux infinis,
Dignes plutôt d'un chef de malheureux bannis,
Que d'un roi qui n'aguère avec quelque apparence
De l'aurore au couchant portait son espérance,
Fondait sur trente états son trône florissant,
Dont le débris est même un empire puissant ?
Vous seul, seigneur, vous seul, après quarante années,
Pouvez encor lutter contre les destinées.
Implacable ennemi de Rome et du repos,
Comptez-vous vos soldats pour autant de héros ?
Pensez-vous que ces cœurs, tremblans de leur défaite,
Fatigués d'une longue et pénible retraite,
Cherchent avidement sous un ciel étranger
La mort, et le travail pire que le danger ?
Vaincus plus d'une fois aux yeux de la patrie,
Soutiendront-ils ailleurs un vainqueur en furie ?
Sera-t-il moins terrible, et le vaincront-ils mieux,
Dans le sein de sa ville, à l'aspect de ses dieux ?
Le Parthe vous recherche, et vous demande un gendre.
Mais ce Parthe, seigneur, ardent à nous défendre
Lorsque tout l'univers semblait nous protéger,
D'un gendre sans appui voudra-t-il se charger ?
M'en irai-je, moi seul, rebut de la fortune,
Essuyer l'inconstance au Parthe si commune ;

Et peut-être pour fruit d'un téméraire amour,
Exposer votre nom au mépris de sa cour ?
Du moins, s'il faut céder, si, contre notre usage,
Il faut d'un suppliant emprunter le visage,
Sans m'envoyer du Parthe embrasser les genoux,
Sans vous-même implorer des rois moindres que vous,
Ne pourrions-nous pas prendre une plus sûre voie ?
Jetons-nous dans les bras qu'on nous tend avec joie :
Rome en votre faveur facile à s'apaiser...

XIPHARÈS.

Rome, mon frère ! Oh ciel ! qu'osez-vous proposer ?
Vous voulez que le roi s'abaisse et s'humilie ?
Qu'il démente en un jour tout le cours de sa vie ?
Qu'il se fie aux Romains, et subisse des lois
Dont il a quarante ans défendu tous les rois ?

Continuez, seigneur. Tout vaincu que vous êtes
La guerre, les périls sont vos seules retraites.
Rome poursuit en vous un ennemi fatal,
Plus conjuré contre elle et plus craint qu'Annibal.
Tout couvert de son sang, quoique vous puissiez faire,
N'en attendez jamais qu'une paix sanguinaire,
Telle qu'en un seul jour un ordre de vos mains
La donna dans l'Asie à cent mille Romains.
Toutefois épargnez votre tête sacrée :
Vous-même n'allez point de contrée en contrée
Montrer aux nations Mithridate détruit,
Et de votre grand nom diminuer le bruit.
Votre vengeance est juste ; il la faut entreprendre :
Brûlez le Capitole, et mettez Rome en cendre.
Mais c'est assez pour vous d'en ouvrir les chemins :
Faites porter ce feu par de plus jeunes mains,
Et tandis que l'Asie occupera Pharnace,
De cette autre entreprise honorez mon audace.
Commandez : laissez-nous, de votre nom suivis,
Justifier par-tout que nous sommes vos fils.
Embrasez par nos mains le couchant et l'aurore ;
Remplissez l'univers, sans sortir du Bosphore ;
Que les Romains, pressés de l'un à l'autre bout,
Doutent où vous serez, et vous trouvent par-tout.

Dès ce même moment ordonnez que je parte.
Ici tout vous retient ; et moi, tout m'en écarte :
Et, si ce grand dessein surpasse ma valeur,
Du moins ce désespoir convient à mon malheur.
Trop heureux d'avancer la fin de ma misère,
J'irai... J'effacerai le crime de ma mère :
Seigneur, vous m'en voyez rougir à vos genoux ;
J'ai honte de me voir si peu digne de vous ;
Tout mon sang doit laver une tache si noire.
Mais je cherche un trépas utile à votre gloire ;
Et Rome, unique objet d'un désespoir si beau,
Du fils de Mithridate est le digne tombeau.

MITHRIDATE, *se levant*.

Mon fils, ne parlons plus d'une mère infidèle.
Votre père est content, il connaît votre zèle,
Et ne vous verra point affronter de danger
Qu'avec vous son amour ne veuille partager :
Vous me suivrez ; je veux que rien ne nous sépare.
Et vous, à m'obéir, prince, qu'on se prépare ;
Les vaisseaux sont tout prêts, j'ai moi-même ordonné
La suite et l'appareil qui vous est destiné.
Arbate, à cet hymen chargé de vous conduire,
De votre obéissance aura soin de m'instruire.
Allez ; et soutenant l'honneur de vos aïeux,
Dans cet embrassement recevez mes adieux.

PHARNACE.

Seigneur...

MITHRIDATE.

Ma volonté, prince, vous doit suffire,
Obéissez. C'est trop vous le faire redire.

PHARNACE.

Seigneur, si, pour vous plaire, il ne faut que périr,
Plus ardent qu'aucun autre on m'y verra courir :
Combattant à vos yeux permettez que je meure.

MITHRIDATE.

Je vous ai commandé de partir tout à l'heure.
Mais après ce moment... Prince, vous m'entendez,
Et vous êtes perdu si vous me répondez.

TRAGÉDIE.

PHARNACE.
Dussiez-vous présenter mille morts à ma vue,
Je ne saurais chercher une fille inconnue.
Ma vie est en vos mains.
MITHRIDATE.
　　　　　　　Ah ! c'est où je t'attends.
Tu ne saurais partir, perfide ! et je t'entends.
Je sais pourquoi tu fuis l'hymen où je t'envoie :
Il te fâche en ces lieux d'abandonner ta proie ;
Monime te retient ; ton amour criminel
Prétendait l'arracher à l'hymen paternel.
Ni l'ardeur dont tu sais que je l'ai recherchée,
Ni déjà sur son front ma couronne attachée,
Ni cet asile même où je la fais garder,
Ni mon juste courroux, n'ont pu t'intimider.
Traître ! pour les Romains tes lâches complaisances
N'étaient pas à mes yeux d'assez noires offenses ;
Il te manquait encor ces perfides amours
Pour être le supplice et l'horreur de mes jours.
Loin de t'en repentir, je vois sur ton visage
Que ta confusion ne part que de ta rage :
Il te tarde déjà qu'échappé de mes mains
Tu ne coures me perdre, et me vendre aux Romains.
Mais, avant que partir, je me ferai justice :
Je te l'ai dit. Holà, gardes !

SCÈNE II.

MITHRIDATE, PHARNACE, XIPHARÈS,
GARDES.

MITHRIDATE.
　　　　　　　Qu'on le saisisse.
Oui, lui-même, Pharnace. Allez ; et de ce pas
Qu'enfermé dans la tour on ne le quitte pas.
PHARNACE.
Hé bien, sans me parer d'une innocence vaine,
Il est vrai, mon amour mérite votre haine :
J'aime. L'on vous a fait un fidèle récit.

Mais Xipharès, seigneur, ne vous a pas tout dit;
C'est le moindre secret qu'il pouvait vous apprendre.
Et ce fils si fidèle a dû vous faire entendre
Que, des mêmes ardeurs dès long-temps enflammé,
Il aime aussi la reine, et même en est aimé.

SCENE III.

MITHRIDATE, XIPHARÈS.

XIPHARÈS.

Seigneur, le croirez-vous qu'un dessein si coupable...
MITHRIDATE.
Mon fils, je sais de quoi votre frère est capable.
Me préserve le ciel de soupçonner jamais
Que d'un prix si cruel vous payez mes bienfaits;
Qu'un fils qui fut toujours le bonheur de ma vie
Ait pu percer ce cœur qu'un père lui confie!
Je ne le croirai point. Allez : loin d'y songer,
Je ne vais désormais penser qu'à nous venger.

SCENE IV.

MITHRIDATE.

Je ne le croirai point? Vain espoir qui me flatte!
Tu ne le crois que trop, malheureux Mithridate!
Xipharès mon rival? et, d'accord avec lui,
La reine aurait osé me tromper aujourd'hui?
Quoi de quelque côté que je tourne la vue,
La foi de tous les cœurs est pour moi disparue!
Tout m'abandonne ailleurs! tout me trahit ici!
Pharnace, amis, maîtresse! et toi, mon fils, aussi!
Toi de qui la vertu consolant ma disgrace....
Mais ne connais-je pas le perfide Pharnace?
Quelle faiblesse à moi d'en croire un furieux
Qu'arme contre son frère un courroux envieux,
Ou dont le désespoir, me troublant par des fables,
Grossit pour se sauver le nombre des coupables!

Non, ne l'en croyons point ; et, sans trop nous presser,
Voyons, examinons. Mais par où commencer ?
Qui m'en éclaircira ? quels témoins ? quel indice ?..
Le ciel en ce moment m'inspire un artifice.
Qu'on appelle la reine. Oui, sans aller plus loin,
Je veux l'ouïr : mon choix s'arrête à ce témoin.
L'amour avidement croit tout ce qui le flatte.
Qui peut de son vainqueur mieux parler que l'ingrate?
Voyons qui son amour accusera des deux.
S'il n'est digne de moi le piège est digne d'eux.
Trompons qui nous trahit : et, pour connaître un traître
Il n'est point de moyens... Mais je la vois paraître :
Feignons ; et de son cœur, d'un vain espoir flatté,
Par un mensonge adroit tirons la vérité.

SCENE V.

MITHRIDATE, MONIME.

MITHRIDATE.

Enfin j'ouvre les yeux, et je me fais justice :
C'est faire à vos beautés un triste sacrifice,
Que de vous présenter, madame, avec ma foi,
Tout l'âge et le malheur que je traîne avec moi.
Jusqu'ici la fortune et la victoire même
Cachaient mes cheveux blancs sous trente diadèmes.
Mais ce temps-là n'est plus : je régnais ; et je fuis :
Mes ans se sont accrus ; mes honneurs sont détruits ;
Et mon front, dépouillé d'un si noble avantage,
Du temps qui l'a flétri laisse voir tout l'outrage.
D'ailleurs mille desseins partagent mes esprits :
D'un camp prêt à partir vous entendez les cris ;
Sortant de mes vaisseaux, il faut que j'y remonte.
Quel temps pour un hymen, qu'une fuite si prompte,
Madame ! et de quel front vous unir à mon sort,
Quand je ne cherche plus que la guerre et la mort ?
Cessez pourtant, cessez de prétendre à Pharnace :

MITHRIDATE,

Quand je me fais justice, il faut qu'on se la fasse.
Je ne souffrirai point que ce fils odieux,
Que je viens pour jamais de bannir de mes yeux,
Possédant une amour qui me fut déniée,
Vous fasse des Romains devenir l'alliée.
Mon trône vous est dû : loin de m'en repentir,
Je vous y place même avant que de partir,
Pourvu que vous vouliez qu'une main qui m'est chère,
Un fils, le digne objet de l'amour de son père,
Xipharès, en un mot, devenant votre époux,
Me venge de pharnace, et m'acquitte envers vous.

MONIME.

Xipharès ! lui, seigneur ?

MITHRIDATE.

Oui, lui-même, madame.
D'où peut naître à ce nom le trouble de votre ame?
Contre un si juste choix qui peut vous révolter ?
Est-ce quelque mépris qu'on ne puisse dompter !
Je le répète encor, c'est un autre moi-même,
Un fils victorieux, qui me chérit, que j'aime,
L'ennemi des Romains, l'héritier et l'appui
D'un empire et d'un nom qui va renaître en lui ;
Et, quoi que votre amour ait osé se promettre,
Ce n'est qu'entre ses mains que je puis vous remettre.

MONIME.

Que dites-vous ? Oh ciel ! Pourriez-vous approuver...
Pourquoi, seigneur, pourquoi voulez-vous m'é-
  prouver ?
Cessez de tourmenter une ame infortunée :
Je sais que c'est à vous que je fus destinée ;
Je sais qu'en ce moment, par ce nœud solennel,
La victime, seigneur, nous attend à l'autel.
Venez.

MITHRIDATE.

Je le vois bien : quelque effort que je fasse,
Madame, vous voulez vous garder à Pharnace.
Je reconnais toujours vos injustes mépris ;
Ils ont même passé sur mon malheureux fils.

MONIME.
Je le méprise !
MITHRIDATE.
Hé bien, n'en parlons plus, madame :
Continuez; brûlez d'une honteuse flamme.
Tandis qu'avec mon fils je vais, loin de vos yeux,
Chercher au bout du monde un trépas glorieux,
Vous cependant ici servez avec son frère,
Et vendez aux Romains le sang de votre père.
Venez : je ne saurais mieux punir vos dedains,
Qu'en vous mettant moi-même en ses serviles mains;
Et, sans plus me charger du soin de votre gloire,
Je veux laisser de vous jusqu'à votre mémoire.
Allons, madame, allons. Je m'en vais vous unir.
MONIME.
Plutôt de mille morts dussiez-vous me punir !
MITHRIDATE.
Vous résistez en vain, et j'entends votre suite.
MONIME.
En quelle extrémité, seigneur, suis-je réduite ?
Mais enfin je vous crois ; et je ne puis penser
Qu'à feindre si long-temps vous puissiez vous forcer.
Les dieux me sont témoins qu'à vous plaire bornée
Mon ame à tout son sort s'était abandonnée.
Mais si quelque faiblesse avait pu m'alarmer,
Si de tous ses efforts mon cœur a dû s'armer,
Ne croyez poin, seigneur, qu'auteur de mes alarmes
Pharnace m'ait jamais couté les moindres larmes.
Ce fils victorieux que vous favorisez,
Cette vivante image en qui vous vous plaisez,
Cet ennemi de Rome, et cet autre vous-même,
Enfin ce Xipharès que vous voulez que j'aime...
MITHRIDATE.
Vous l'aimez ?
MONIME.
Si le sort ne m'eût donnée à vous,
Mon bonheur dépendait de l'avoir pour époux.
Avant que votre amour m'eût envoyé ce gage,
Nous nous aimions. Seigneur, vous changez de visage !

MITHRIDATE.
Non, madame. Il suffit. Je vais vous l'envoyer.
Allez. Le temps est cher, il le faut employer.
Je vois qu'à m'obéir vous êtes disposée :
Je suis content.

MONIME, *en s'en allant.*
Oh ciel ! me serais-je abusée ?

SCENE VI.

MITHRIDATE.

Ils s'aiment. C'est ainsi qu'on se jouait de nous.
Ah ! fils ingrat tu vas me répondre pour tous ;
Tu périras. Je sais combien ta renommée
Et tes fausses vertus ont séduit mon armée :
Perfide, je te veux porter des coups certains ;
Il faut pour te mieux perdre écarter les mutins,
Et faisant à mes yeux partir les plus rebelles,
Ne garder près de moi que des troupes fideles.
Allons. Mais, sans montrer un visage offensé,
Dissimulons encor comme j'ai commencé.

Fin du troisième Acte.

ACTE IV.

SCÈNE PREMIÈRE.

MONIME, PHŒDIME.

MONIME.

Phœdime, au nom des dieux, fais ce que je désire;
Va voir ce qui se passe, et reviens me le dire.
Je ne sais ; mais mon cœur ne se peut rassurer :
Mille soupçons affreux viennent me déchirer.
Que tarde Xipharès ! Et d'où vient qu'il diffère
A seconder des vœux qu'autorise son père ?
Son père, en me quittant, me l'allait envoyer...
Mais il feignait peut-être. Il fallait tout nier.
Le roi feignait ! Et moi découvrant ma pensée...
O dieux, en ce péril m'auriez-vous délaissée?
Et se pourrait-il bien qu'à son ressentiment
Mon amour indiscret eût livré mon amant ?
Quoi, prince ! quand tout plein de ton amour extrême
Pour savoir mon secret tu me pressais toi-même,
Mes refus trop cruels vingt fois te l'ont caché ;
Je t'ai même puni de l'avoir arraché :
Et quand de toi peut-être un père se défie,
Que dis-je ? quand peut-être il y va de ta vie,
Je parle ; et, trop facile à me laisser tromper,
Je lui marque le cœur où sa main doit frapper !

PHŒDIME.

Ah! traitez-le, madame, avec plus de justice ;
Un grand roi descend-il jusqu'à cet artifice !
A prendre ce détour qui l'aurait pu forcer ?
Sans murmure à l'autel vous l'alliez devancer.
Voulait-il perdre un fils qu'il aime avec tendresse?
Jusqu'ici les effets secondent sa promesse :

Madame, il vous disait qu'un important dessein,
Malgré lui, le forçait à vous quitter demain :
Ce seul dessein l'occupe ; et, hâtant son voyage,
Lui-même ordonne tout, présent sur le rivage ;
Ses vaisseaux en tous lieux se chargent de soldats,
Et par-tout Xipharès accompagne ses pas.
D'un rival en fureur est-ce là la conduite ?
Et voit-on ses discours démentis par la suite ?

MONIME.

Pharnace cependant, par son ordre arrêté,
Trouve en lui d'un rival toute la dureté.
Phœdime, à Xipharès fera-t-il plus de grace ?

PHŒDIME.

C'est l'ami des Romains qu'il punit en Pharnace :
L'amour a peu de part à ses justes soupçons.

MONIME.

Autant que je le puis, je cède à tes raisons ;
Elles calment un peu l'ennui qui me dévore.
Mais pourtant Xipharès ne paraît point encore.

PHŒDIME.

Vaine erreur des amans, qui, pleins de leurs désirs,
Voudraient que tout cédât au soin de leurs plaisirs !
Qui, prêts à s'irriter contre le moindre obstacle....

MONIME.

Ma Phœdime, ah ! qui peut concevoir ce miracle ?
Après deux ans d'ennuis, dont tu sais tout le poids,
Quoi ! je puis respirer pour la première fois !
Quoi ! cher prince, avec toi je me verrais unie !
Et loin que ma tendresse eût exposé ta vie,
Tu verrais ton devoir, je verrais ma vertu,
Approuver un amour si long-temps combattu !
Je pourrais tous les jours t'assurer que je t'aime !
Que ne viens-tu !

SCENE II.

MONIME, XIPHARÈS, PHŒDIME.

MONIME.

Seigneur, je parlais de vous-même.
Mon ame souhaitait de vous voir en ce lieu
Pour vous...

XIPHARÈS.

C'est maintenant qu'il faut vous dire adieu.

MONIME.

Adieu! vous?

XIPHARÈS.

Oui, madame, et pour toute ma vie.

MONIME.

Qu'entend-je? On me disait... Hélas! ils m'ont trahie.

XIPHARÈS.

Madame, je ne sais quel ennemi couvert,
Révélant nos secrets, vous trahit, et me perd.
Mais le roi qui tantôt n'en croyait point Pharnace,
Maintenant dans nos cœurs sait tout ce qui se passe.
Il feint, il me caresse, et cache son dessein ;
Mais moi, qui dès l'enfance élevé dans son sein,
De tous ses mouvemens ai trop d'intelligence,
J'ai lu dans ses regards sa prochaine vengeance.
Il presse, il fait partir tous ceux dont mon malheur
Pourrait à la révolte exciter la douleur.
De ses fausses bontés j'ai connu la contrainte.
Un mot même d'Arbate a confirmé ma crainte :
Il a su m'aborder ; et les larmes aux yeux,
« On sait tout, m'a-t-il dit, sauvez-vous de ces lieux. »
Ce mot m'a fait frémir du péril de ma reine ;
Et ce cher intérêt est le seul qui m'amène.
Je vous crains pour vous-même : et je viens à genoux
Vous prier, ma princesse, et vous fléchir pour vous.
Vous dépendez ici d'une main violente,
Que le sang le plus cher rarement épouvante ;
Et je n'ose vous dire à quelle cruauté

MITHRIDATE,

Mithridate jaloux s'est souvent emporté.
Peut-être c'est moi seul que sa fureur menace ;
Peut-être, en me perdant, il veut vous faire grace :
Daignez, au nom des dieux, daignez en profiter ;
Par de nouveaux refus n'allez point l'irriter.
Moins vous l'aimez, et plus tâchez de lui complaire ;
Feignez ; efforcez-vous : songez qu'il est mon père.
Vivez ; et permettez que dans tous mes malheurs
Je puisse à votre amour ne coûter que des pleurs.

MONIME.

Ah ! je vous ai perdu !

XIPHARÈS.

Généreuse Monime,
Ne vous imputez point le malheur qui m'opprime.
Votre seule bonté n'est point ce qui me nuit :
Je suis un malheureux que le destin poursuit ;
C'est lui qui m'a ravi l'amitié de mon père,
Qui le fit mon rival, qui révolta ma mère,
Et vient de susciter, dans ce moment affreux,
Un secret ennemi pour nous trahir tous deux.

MONIME.

Hé quoi ! cet ennemi vous l'ignorez encore ?

XIPHARÈS.

Pour surcroît de douleur, madame, je l'ignore.
Heureux si je pouvais, avant que m'immoler,
Percer le traître cœur qui m'a pu décéler !

MONIME.

Hé bien, seigneur, il faut vous le faire connaître.
Ne cherchez point ailleurs cet ennemi, ce traître,
Frappez : aucun respect ne vous doit retenir.
J'ai tout fait, et c'est moi que vous devez punir.

XIPHARÈS.

Vous !

MONIME.

Ah ! si vous saviez, prince, avec quelle adresse
Le cruel est venu surprendre ma tendresse !
Quelle amitié sincère il affectait pour vous !
Content, s'il vous voyait devenir mon époux !
Qui n'aurait cru...? Mais non, mon amour plus timide

TRAGÉDIE. 239

vait moins vous livrer à sa bonté perfide.
s dieux qui m'inspiraient, et que j'ai mal suivis,
ont fait taire trois fois par de secrets avis.
i dû continuer; j'ai dû dans tout le reste...
e sais-je enfin? j'ai dû vous être moins funeste;
i dû craindre du roi les dons empoisonnés;
je m'en punirai si vous me pardonnez.

XIPHARÈS.

oi! madame, c'est vous, c'est l'amour qui m'expose;
n malheur est parti d'une si belle cause;
p d'amour a trahi nos secrets amoureux;
vous vous excusez de m'avoir fait heureux!
e voudrais-je de plus? glorieux et fidèle,
neurs. Un autre sort au trône vous appelle:
sentez-y, madame; et, sans plus résister,
levez un hymen qui vous y fait monter.

MONIME.

i! vous me demandez que j'épouse un barbare
t l'odieux amour pour jamais nous sépare?

XIPHARÈS.

gez que ce matin, soumise à ses souhaits,
s deviez l'épouser, et ne me voir jamais.

MONIME.

connaissais-je alors toute sa barbarie?
oudriez-vous point qu'approuvant sa furie,
ès vous avoir vu tout percé de ses coups,
ivisse à l'autel un tyrannique époux?
ue, dans une main de votre sang fumante,
asse mettre, hélas! la main de votre amante?
z; de ses fureurs songez à vous garder,
perdre ici le temps à me persuader:
iel m'inspirera quel parti je dois prendre.
serait-ce, grands dieux! s'il venait vous surprendre!
dis-je? on vient: Allez: courez. Vivez enfin;
u moins attendez quel sera mon destin.

SCENE III.

MONIME, PHŒDIME.

PHŒDIME.

Madame, à quels périls il exposait sa vie !
C'est le roi.

MONIME.

Cours l'aider à cacher sa sortie.
Va, ne le quitte point ; et qu'il se regarde bien
D'ordonner de son sort, sans être instruit du mien.

SCÈNE IV.

MITHRIDATE, MONIME.

MITHRIDATE.

Allons, madame, allons. Une raison secrète
Me fait quitter ces lieux et hâter ma retraite.
Tandis que mes soldats, prêts à suivre leur roi,
Rentrent dans mes vaisseaux pour partir avec moi,
Venez, et qu'à l'autel ma promesse accomplie,
Par des nœuds éternels l'un à l'autre nous lie.

MONIME.

Nous, seigneur ?

MITHRIDATE.

Quoi, madame ! osez-vous balancer ?

MONIME.

Et ne m'avez-vous pas défendu d'y penser ?

MITHRIDATE.

J'eus mes raisons alors : oublions-les, madame.
Ne songez maintenant qu'à répondre à ma flamme.
Songez que votre cœur est un bien qui m'est dû.

MONIME.

Hé ! pourquoi donc, seigneur, me l'avez-vous
  rendu ?

MITHRIDATE.

Quoi ! pour un fils ingrat toujours préoccupée,
Vous croiriez...

MONIME

TRAGÉDIE.

MONIME.
Quoi, seigneur ! vous m'auriez donc trompée ?

MITHRIDATE.
Perfide ! il vous sied bien de tenir ce discours,
Vous qui, gardant au cœur d'infidèles amours,
Quand je vous élevais au comble de la gloire,
M'avez des trahisons préparé la plus noire !
Ne vous souvient-ils plus, cœur ingrat et sans foi,
Plus que tous les Romains conjuré contre moi,
De quel rang glorieux j'ai bien voulu descendre
Pour vous porter au trône où vous n'osiez prétendre ?
Ne me regardez point vaincu, persécuté ;
Revoyez-moi vainqueur, et par-tout redouté.
Songez de quelle ardeur dans Éphèse adorée
Aux filles de cent rois je vous ai préférée ;
Et, négligeant pour vous tant d'heureux aliés,
Quelle foule d'états je mettais à vos pieds.
Ah ! si d'un autre amour le penchant invincible
Dès-lors à mes bontés vous rendait insensible,
Pourquoi chercher si loin un odieux époux ?
Avant que de partir, pourquoi vous taisiez-vous ?
Attendiez-vous, pour faire un aveu si funeste,
Que le sort ennemi m'eût ravi tout le reste,
Et que, de toutes parts me voyant accabler,
J'eusse en vous le seul bien qui me pût consoler ?
Cependant, quand je veux oublier cet outrage,
Et cacher à mon cœur cette funeste image,
Vous osez à mes yeux rappeler le passé !
Vous m'accusez encor, quand je suis offensé ?
Je vois que pour un traître un fol espoir vous flatte.
A quelle épreuve, ô ciel, réduis-tu Mithridate ;
Par quel charme secret laissé-je retenir
Ce courroux si sévère et si prompt à punir ?
Profitez du moment que mon amour vous donne :
Pour la derniere fois, venez, je vous l'ordonne.
N'attirez point sur vous des périls superflus,
Pour un fils insolent que vous ne verrez plus,
Sans vous parer pour lui d'une foi qui m'est due,
Perdez-en la mémoire aussi bien que la vue ;

Tome II. O

Et, désormais, sensible à ma seule bonté,
Méritez le pardon qui vous est présenté.

MONIME.

Je n'ai point oublié quelle reconnaissance,
Seigneur, m'a dû ranger sous votre obéissance :
Quelque rang où jadis soient montés mes aïeux,
Leur gloire de si loin n'éblouit point mes yeux.
Je songe avec respect de combien je suis née
Au-dessous des grandeurs d'un si noble hyménée :
Et, malgré mon penchant et mes premiers desseins
Pour un fils, après vous, le plus grand des humains,
Du jour que sur mon front on mit ce diadème,
Je renonçai, seigneur, à ce prince, à moi-même.
Tous deux d'intelligence à nous sacrifier,
Loin de moi, par mon ordre, il courait m'oublier.
Dans l'ombre du secret ce feu s'allait éteindre ;
Et même de mon sort je ne pouvais me plaindre,
Puisqu'enfin, aux dépens de mes vœux les plus doux
Je faisais le bonheur d'un héros tel que vous.
Vous seul, seigneur, vous seul, vous m'avez arrachée
A cette obéissance où j'étais attachée ;
Et ce fatal amour dont j'avais triomphé,
Ce feu que dans l'oubli je croyais étouffé,
Dont la cause à jamais s'éloignait de ma vue,
Vos détours l'ont surpris, et m'en ont convaincue.
Je vous l'ai conffessé, je le dois soutenir :
En vain vous en pourriez perdre le souvenir ;
Et cet aveu honteux où vous m'avez forcée,
Demeurera toujours présent à ma pensée,
Toujours je vous croirais incertain de ma foi ;
Et le tombeau, seigneur, est moins triste pour moi
Que le lit d'un époux qui m'a fait cet outrage,
Qui s'est acquis sur moi ce cruel avantage,
Et, qui, me préparant un éternel ennui,
M'a fait rougir d'un feu qui n'était pas pour lui.

MITHRIDATE.

C'est donc votre réponse ? et, sans plus me complaire,
Vous refusez l'honneur que je voulais vous faire ?
Pensez-y bien.. J'attends pour me déterminer,

TRAGEDIE.

MONIME.

Non, seigneur, vainement vous croyez m'étonner.
Je vous connais ; je sais tout ce que je m'apprête,
Et je vois quels malheurs j'assemble sur ma tête ;
Mais le dessein est pris ; rien ne peut m'ébranler.
Jugez-en puisqu'ainsi je vous ose parler,
Et m'emporte au-delà de cette modestie
Dont jusqu'à ce moment je n'étais point sortie.
Vous vous êtes servi de ma funeste main
Pour mettre à votre fils un poignard dans le sein :
De ces feux innocens j'ai trahi le mystère ;
Et, quand il n'en perdrait que l'amour de son père,
Il en mourra, seigneur. Ma foi ni mon amour
Ne seront point le prix d'un si cruel détour.
Après cela, jugez. Perdez une rebelle ;
Armez-vous du pouvoir qu'on vous donna sur elle :
J'attendrai mon arrêt ; vous pouvez commander.
Tout ce qu'en vous quittant j'ose vous demander,
Croyez (à la vertu je dois cette justice)
Que je vous trahis seule, et n'ai point de complice ;
Et que d'un plein succès vos vœux seraient suivis
Si j'en croyais, seigneur, les vœux de votre fils.

SCÈNE V.

MITHRIDATE.

Elle me quitte ! Et moi, dans un lâche silence,
Je semble de sa fuite approuver l'insolence !
Peu s'en faut que mon cœur, penchant de son côté,
Ne me condamne encor de trop de cruauté !
Qui suis-je ? Est-ce Monime ? Et suis-je Mithridate ?
Non, non, plus de pardon, plus d'amour pour l'ingrate.
Ma colère revient, et je me reconnais :
Immolons, en partant, trois ingrats à la fois.
Je vais à Rome ; et c'est par de tels sacrifices
Qu'il faut à ma fureur rendre les dieux propices.
Je le dois, je le puis, ils n'ont plus de support ;
Les plus séditieux sont déjà loin du bord.

Sans distinguer entre eux qui je hais ou que j'aime,
Allons, et commençons par Xipharès lui-même.
   Mais quelle est ma fureur! et qu'est-ce que je dis!
Tu vas sacrifier.. qui, malheureux ? Ton fils!
Un fils que Rome craint! qui peut venger son père!
Pourquoi répandre un sang qui m'est si nécessaire?
Ah! dans l'état funeste où ma chute m'a mis,
Est-ce que mon malheur m'a laissé trop d'amis ?
Songeons plutôt, songeons à gagner sa tendresse:
J'ai besoin d'un vengeur, et non d'une maîtresse.
Quoi! ne vaut-il pas mieux, puisqu'il faut m'en pri-
      ver,
La céder à ce fils que je veux conserver ?
Cédons-la. Vains efforts, qui ne font que m'instruire
Des faiblesses d'un cœur qui cherche à se réduire!
Je brûle, je l'adore ; et loin de la bannir...
Ah! c'est un crime encor dont je la veux punir.
Quelle pitié retient mes sentimens timides ?
N'en ai-je pas déjà puni de moins perfides ?
O Monime! ô mon fils! Inutile courroux!
Et vous, heureux Romains, quel triomphe pour
      vous
Si vous saviez ma honte, et qu'un avis fidèle
De mes lâches combats vous portât la nouvelle!
Quoi! des plus chères mains craignant les trahisons,
J'ai pris soin de m'armer contre tous les poisons ;
J'ai su, par une longue et pénible industrie,
Des plus mortels venins prévenir la furie :
Ah! qu'il eût mieux valu, plus sage et plus heureux,
Et repoussant les traits d'un amour dangereux,
Ne pas laisser remplir d'ardeurs empoisonnées
Un cœur déjà glacé par le froid des années !
De ce trouble fatal par où dois-je sortir ?

SCENE VI.

MITHRIDATE, ARBATE.

ARBATE.

Seigneur, tous vos soldats refusent de partir :
Pharnace les retient, Pharnace leur révèle
Que vous cherchez à Rome une guerre nouvelle.

MITHRIDATE.

Pharnace ?

ARBATE.

Il a séduit ses gardes les premiers,
Et le seul nom de Rome étonne les plus fiers.
De mille affreux périls ils se forment l'image ;
Les uns avec transport embrassent le rivage ;
Les autres, qui partaient s'élancent dans les flots,
Ou présentent leurs dards aux yeux des matelots.
Le désordre est par-tout ; et loin de nous entendre,
Ils demandent la paix, et parlent de se rendre.
Pharnace est à leur tête ; et, flattant leurs souhaits,
De la part des Romains il leur promet la paix.

MITHRIDATE.

Ah, le traître, courez ; qu'on appelle son frère ;
Qu'il me suive, qu'il vienne au secours de son père.

ARBATE.

J'ignore son dessein ; mais un soudain transport
L'a déjà fait descendre et courir vers le port ;
Et l'on dit que suivi d'un gros d'amis fidèles,
On l'a vu se mêler au milieu des rebelles.
C'est tout ce que j'en sais.

MITHRIDATE.

Ah ! qu'est-ce que j'entends !
Perfides, ma vengeance a tardé trop long-temps !
Mais je ne vous crains point : malgré leur insolence,
Les mutins n'oseraient soutenir ma présence.
Je ne veux que les voir ; je ne veux qu'à leurs yeux
Immoler de ma main deux fils audacieux.

SCÈNE VII.

MITHRIDATE, ARBATE, ARCAS.

ARCAS.

Seigneur, tout est perdu. Les rebelles, Pharnace
Les Romains, sont en foule autour de cette place.

MITHRIDATE.

Les Romains !

ARCAS.

De Romains le rivage est chargé,
Et bientôt dans ces murs vous êtes assiégé.

MITHRIDATE.

Ciel ! courons.

(à Arcas.)

Écoutez... Du malheur qui me pre
Tu ne jouiras pas, infidèle princesse.

Fin du quatrième Acte.

ACTE V.

SCENE PREMIERE.
MONIME, PHŒDIME.

PHŒDIME.

Madame, où courez-vous ! Quels aveugles transports
Vous font tenter sur vous de criminels efforts ?
Hé quoi ! vous avez pu, trop cruelle à vous-même,
Faire un affreux lien d'un sacré diadème !
Ah ! ne croyez-vous pas que les dieux plus humains
Ont eux-mêmes rompu ce bandeau dans vos mains?

MONIME.

Hé ! par quelle fureur, obstinée à me suivre,
Toi-même malgré moi veux-tu me faire vivre ?
Xipharès ne vit plus ; le roi désespéré
Lui-même n'attend plus qu'un trépas assuré :
Quel fruit te promets-tu de ta coupable audace ?
Perfide, prétends-tu me livrer à Parnace ?

PHŒDIME.

Ah ! du moins attendez qu'un fidèle rapport
De son malheureux frère ait confirmé la mort.
Dans la confusion que nous venons d'entendre,
Les yeux peuvent-ils pas aisément se méprendre ?
D'abord, vous le savez, un bruit injurieux
Le rangeait du parti d'un camp séditieux ;
Maintenant on vous dit que ces mêmes rebelles
Ont tourné contre lui leurs armes criminelles.
Jugez de l'un par l'autre, et daignez écouter...

MONIME.

Xipharès ne vit plus, il n'en faut point douter :
L'évènement n'a point démenti mon attente.
Quand je n'en aurais pas la nouvelle sanglante,

Il est mort ; et j'en ai pour garans trop certains
Son courage et son nom trop suspect aux Romains.
Ah! que d'un si beau sang dès long-temps altérée
Rome tient maintenant sa victoire assurée !
Quel ennemi son bras leur allait opposer !
Mais sur qui, malheureuse, oses-tu t'excuser ?
Quoi ! tu ne veux pas voir que c'est toi qui l'opprimes,
Et dans tous ses malheurs reconnaître tes crimes ?
De combien d'assassins l'avais-je enveloppé !
Comment à tant de coups serait-il échappé ?
Il évitait en vain les Romains et son frère :
Ne le livrais-je pas aux fureurs de son père ?
C'est moi qui, les rendant l'un de l'autre jaloux,
Vins allumer le feu qui les embrase tous :
Tison de la discorde, et fatale furie
Que le démon de Rome a formée et nourrie !
Et je vis ! Et j'attends que de leur sang baigné
Pharnace des Romains revienne accompagné,
Qu'il étale à mes yeux sa parricide joie !
La mort au désespoir ouvre plus d'une voie :
Oui, cruelles, en vain vos injustes secours
Me ferment du tombeau les chemins les plus courts;
Je trouverai la mort jusque dans vos bras même.
　　Et toi, fatal tissu, malheureux diadème,
Instrument et témoin de toutes mes douleurs,
Bandeau, que mille fois j'ai trempé de mes pleurs,
Au moins, en terminant ma vie et mon supplice,
Ne pouvais-tu me rendre un funeste service ?
A mes tristes regards, va, cesse de t'offrir ;
D'autres armes sans toi sauront me secourir :
Et périsse le jour et la main meurtrière
Qui jadis sur mon front t'attacha la première.
　　　　　　　PHŒDIME.
On vient, madame, on vient ; et j'espère qu'Arcas,
Pour bannir vos frayeurs, porte vers vous ses pas.

TRAGEDIE.

SCÈNE II.

MONIME, PHŒDIME, ARCAS.

MONIME.

En est-ce fait. Arcas ? et le cruel Pharnace...

ARCAS.

Ne me demandez rien de tout ce qui se passe,
Madame : on m'a chargé d'un plus funeste emploi ;
Et ce poison vous dit les volontés du roi.

PHŒDIME.

Malheureuse princesse !

MONIME.

Ah ! quel comble de joie !
Donnez. Dites, Arcas, au roi qui me l'envoie,
Que de tous les présens que m'a faits sa bonté
Je reçois le plus cher et le plus souhaité.
A la fin je respire ; et le ciel me délivre
Des secours importuns qui me forçaient de vivre.
Maîtresse de moi-même, il veut bien qu'une fois
Je puisse de mon sort disposer à mon choix.

PHŒDIME.

Hélas !

MONIME.

Retiens tes cris, et par d'indignes larmes
De cet heureux moment ne trouble point les charmes.
Si tu m'aimais, Phœdime, il fallait me pleurer
Quand d'un titre funeste on me vint honorer,
Et lorsque, m'arrachant du doux sein de la Grèce,
Dans ce climat barbare on traîna ta maîtresse.
Retourne maintenant chez ces peuples heureux ;
Et si mon nom encor s'est conservé chez eux,
Dis-leur ce que tu vois, et de toute ma gloire,
Phœdime, conte-leur la malheureuse histoire.
Et toi, qui de ce cœur, dont tu fus adoré,
Par un jaloux destin fus toujours séparé,
Héros, avec qui même en terminant ma vie
Je n'ose en un tombeau demander d'être unie,

Reçois ce sacrifice ; et, puisse, en ce moment,
Ce poison expier le sang de mon amant !

SCENE III.

MONIME, ARBATE, PHŒDIME, ARCAS,

ARBATE.

Arrêtez ! arrêtez!

ARCAS.

Que faites-vous, Arbate ?

ARBATE.

Arrêtez ! j'accomplis l'ordre de Mithridate.

MONIME.

Ah ! laissez-moi....

ARBATE, *jetant le poison.*

Cessez, vous dis-je, et laissez-moi,
Madame, exécuter les volontés du roi :
Vivez. Et vous, Arcas, du succès de mon zèle
Courez à Mithridate apprendre la nouvelle.

SCÈNE IV.

MONIME, ARBATE, PHŒDIME.

MONIME.

Ah ! trop cruel Arbate, à quoi m'exposez-vous !
Est-ce qu'on croit encor mon supplice trop doux ?
Et le roi, m'enviant une mort si soudaine,
Veut-il plus d'un trépas pour contenter sa haine?

ARBATE.

Vous l'allez voir paraître ; et j'ose m'assurer
Que vous-même, avec moi, vous allez le pleurer.

MONIME.

Quoi ! le roi....

ARBATE.

Le roi touche à son heure dernière,
Madame, et ne voit plus qu'un reste de lumière.
Je l'ai laissé sanglant, porté par des soldats ;

Et Xipharès en pleurs accompagne leurs pas.
MONINE.
Xipharès ! Ah grands dieux ! je doute si je veille,
Et n'ose qu'en tremblant en croire mon oreille.
Xipharès vit encor ! Xipharès, que mes pleurs....
ARBATE.
Il vit, chargé de gloire, accablé de douleurs.
De sa mort en ces lieux la nouvelle semée
Ne vous a pas vous seule et sans cause alarmée ;
Les Romains, qui par-tout l'appuyaient par des cris,
Ont par ce bruit fatal glacé tous les esprits.
  Le roi, trompé lui-même, en a versé des larmes,
Et, désormais certain du malheur de ses armes,
Par un rebelle fils de toutes parts pressé,
Sans espoir de secours, tout près d'être forcé,
Et voyant, pour surcroît de douleur et de haine,
Parmi ses étendards porter l'aigle romaine,
Il n'a plus aspiré qu'à s'ouvrir des chemins
Pour éviter l'affront de tomber dans leurs mains.
D'abord il a tenté les atteintes mortelles
Des poisons que lui-même a crus les plus fidèles ;
Il les a trouvés tous sans force et sans vertu.
« Vain secours, a-t-il dit, que j'ai trop combattu !
« Contre tous les poisons soigneux de me défendre,
« J'ai perdu tout le fruit que j'en pouvais attendre.
« Essayons maintenant des secours plus certains,
« Et cherchons un trépas plus funeste aux Romains. »
Il parle ; et défiant leurs nombreuses cohortes,
Du palais, à ces mots, il fait ouvrir les portes.
A l'aspect de ce front dont la noble fureur
Tant de fois dans leurs rangs répandit la terreur,
Vous les eussiez vu tous, retournant en arrière,
Laisser entre eux et nous une large carrière ;
Et déjà quelques-uns couraient épouvantés
Jusque dans les vaisseaux qui les ont apportés.
Mais, le dirai-je ? oh ciel ! rassurés par Pharnace,
Et la honte en leurs cœurs réveillant leur audace,
Ils reprennent courage, ils attaquent le roi,
Qu'un reste de soldats défendait avec moi.

Qui pourrait exprimer par quels faits incroyables,
Quels coups, accompagnés de regards effroyables,
Son bras, se signalant pour la dernière fois,
A de ce grand héros terminé les exploits ?
Enfin, las et couvert de sang et de poussière,
Il s'était fait de morts une noble barrière.
Un autre bataillon s'est avancé vers nous :
Les Romains pour le joindre ont suspendu leurs coups !
Ils voulaient tous ensemble accabler Mithridate.
Mais lui : « C'en est assez, m'a-t-il dit, cher Arbate ;
« Le sang et la fureur m'emportent trop avant.
« Ne livrons pas sur-tout Mithridate vivant. »
Aussitôt dans son sein il plonge son épée.
Mais la mort fuit encor sa grande ame trompée.
Ce héros dans mes bras est tombé tout sanglant,
Faible, et qui s'irritait contre un trépas si lent ;
Et se plaignant à moi de ce reste de vie,
Il soulevait encor sa main appesantie,
Et marquant à mon bras la place de son cœur,
Semblait d'un coup plus sûr implorer la faveur.
Tandis que, possédé de ma douleur extrême,
Je songe bien plutôt à me percer moi-même,
De grands cris ont soudain attiré mes regards ;
J'ai vu, qui l'aurait cru ? j'ai vu de toutes parts
Vaincus et renversés les Romains et Pharnace,
Fuyant vers leurs vaisseaux ; abandonner la place ;
Et le vainqueur, vers nous s'avançant de plus près,
A mes yeux éperdus a montré Xipharès.

MONIME.

Juste ciel !

ARBATE.

　　　　Xipharès toujours resté fidèle,
Et qu'au fort du combat une troupe rebelle,
Par ordre de son frère, avait enveloppé,
Mais qui, d'entre leurs bras à la fin échappé,
Forçant les plus mutins, et regagnant le reste,
Heureux et plein de joie en ce moment funeste,
A travers mille morts, ardent, victorieux,

　　　　　　　　　　　S'étai

S'était fait vers son père un chemin glorieux.
Jugez de quelle horreur cette joie est suivie :
Son bras aux pieds du roi l'allait jeter sans vie ;
Mais on court, on s'oppose à son emportement.
Le roi m'a regardé dans ce triste moment,
Et m'a dit d'une voix qu'il poussait avec peine :
« S'il en est temps encor, cours, et sauve la reine. »
C'est mots m'ont fait trembler pour vous, pour Xipharès :
J'ai craint, j'ai soupçonné quelques ordres secrets.
Tout lassé que j'étais, ma frayeur et mon zèle
M'ont donné pour courir une force nouvelle ;
Et, malgré nos malheurs, je me tiens trop heureux
D'avoir paré le coup qui vous perdait tous deux.

MONIME.

Ah ! que, de tant d'horreurs justement étonnée,
Je plains de ce grand roi la triste destinée !
Hélas ! et plût aux dieux qu'à son sort inhumain
Moi-même j'eusse pu ne point prêter la main,
Et que, simple témoin du malheur qui l'accable,
Je le pusse pleurer sans en être coupable !
Il vient. Quel nouveau trouble excite en mes esprits
Le sang du père, oh ciel ! et les larmes du fils !

SCENE V.

MITHRIDATE, MONIME, XIPHARÈS, ARBATE, ARCAS ; GARDES *qui soutiennent Mithridate.*

MONIME.

Ah ! que vois-je, seigneur, et quel sort est le vôtre !

MITHRIDATE.

Cessez et retenez vos larmes l'un et l'autre :
(*montrant Xipharès.*)
Mon sort de sa tendresse et de votre amitié
Veut d'autres sentimens que ceux de la pitié ;
Et ma gloire, plutôt digne d'être admirée,
Ne doit point par des pleurs être déshonorée.

Tome II. P

J'ai vengé l'univers autant que je l'ai pu :
La mort dans ce projet m'a seule interrompu.
Ennemi des Romains et de la tyrannie,
Je n'ai point de leur joug subi l'ignominie ;
Et j'ose me flatter qu'entre les noms fameux
Qu'une pareille haine a signalés contre eux
Nul ne leur a plus fait acheter la victoire,
Ni de jours malheureux plus rempli leur histoire.
Le ciel n'a pas voulu qu'achevant mon dessein
Rome en cendre me vît expirer dans son sein :
Mais au moins quelque joie en mourant me console ;
J'expire environné d'ennemis que j'immole ;
Dans leur sang odieux j'ai pu tremper mes mains ;
Et mes derniers regards ont vu fuir les Romains.
A mon fils Xipharès je dois cette fortune ;
Il épargne à ma mort leur présence importune.
Que ne puis-je payer ce service important
De tout ce que mon trône eut de plus éclatant !
Mais vous me tenez lieu d'empire, de couronne ;
Vous seule me restez : souffrez que je vous donne,
Madame ; et tous ces vœux que j'exigeais de vous,
Mon cœur pour Xipharès vous les demande tous.

MONIME.

Vivez, seigneur, vivez pour le bonheur du monde,
Et pour sa liberté qui sur vous seul se fonde ;
Vivez pour triompher d'un ennemi vaincu,
Pour venger...

MITHRIDATE.

C'en est fait, madame, et j'ai vécu.
Mon fils, songez à vous : gardez-vous de prétendre
Que de tant d'ennemis vous puissiez vous défendre.
Bientôt tous les Romains, de leur honte irrités,
Viendront ici sur vous fondre de tous côtés.
Ne perdez point le temps que vous laisse leur fuite
A rendre à mon tombeau des soins dont je vous quitte:
Tant de Romains sans vie, en cent lieux dispersés,
Suffisent à ma cendre et l'honorent assez.
Cachez-leur pour un temps vos noms et votre vie.
Allez, réservez-vous...

XIPHARÈS.
Moi, seigneur, que je fuie ?
Que Pharnace impuni, les Romains triomphans,
N'éprouvent pas bientôt...
MITHRIDATE.
Non, je vous le défends.
Tôt ou tard il faudra que Pharnace périsse :
Fiez-vous aux Romains du soin de son supplice.
Mais je sens affaiblir ma force et mes esprits.
Je sens que je meurs... Approchez-vous, mon fils ;
Dans cet embrassement dont la douceur me flatte,
Venez, et recevez l'ame de Mithridate.
MONIME.
Il expire.
XIPHARÈS.
Ah, madame ! unissons nos douleurs,
Et par tout l'univers cherchons-lui des vengeurs.

FIN DU TOME SECOND.

TABLE
DES PIECES

CONTENUES DANS CE VOLUME.

BRITANNICUS, tragédie,	Page 3
BÉRÉNICE, tragédie,	71
BAJAZET, tragédie,	129
MITHRIDATE, tragédie,	195

Fin de la table du tome second.

www.ingramcontent.com/pod-product-compliance
Lightning Source LLC
Chambersburg PA
CBHW070647170426
43200CB00010B/2147